JE NE REGRETTE (PRESQUE) RIEN

ISBN : 978-2-263-18530-4
Code éditeur : L18530
Dépôt légal : novembre 2023

Retrouvez-nous sur www.solar.fr

Solar, un département d'Édi8

RENAUD LAVILLENIE

JE NE REGRETTE (PRESQUE) RIEN

Avec Nicolas Herbelot

SOLAR

Préface
Par Mondo Duplantis

Expliquer ce que Renaud représente pour moi est difficile à mettre en mots. Quand j'étais petit, il était ma plus grande idole. Il m'a inspiré en me démontrant qu'être le meilleur du monde était possible même sans avoir un gabarit hors norme. C'était fondamental pour l'enfant que j'étais, pas très grand pour mon âge.

Quand j'ai grandi et que j'ai pu concourir contre Renaud pour la première fois en 2017, nous avons eu le sentiment dès le départ d'avoir une relation de grand frère à petit frère. Je pense que Renaud s'est beaucoup reconnu en moi, et moi, je le voyais comme celui que je voulais devenir. Renaud m'a pris sous son aile dès cette toute première fois. Que ce soit des invitations pour des stages à Clermont-Ferrand ou des petits conseils en compétition, des compétitions où on était d'un niveau très comparable et où ces conseils pouvaient me donner un petit avantage pour gagner.

Voilà quel genre de gars est Renaud. Il veut gagner plus que tout autre mais il n'a en même temps aucun problème à aider quelqu'un à atteindre son plein potentiel. Son amour de la perche est pour beaucoup dans cette attitude. Bien sûr que Renaud veut être au plus haut et gagner des médailles d'or et battre des records, mais il aime aussi voir de grands concours de perche de la part des autres. Son amour de la perche a toujours été une telle source d'inspiration pour moi !

Même quand il était au top et que la perche aurait pu se résumer à une carrière et un business pour lui, il n'a jamais cessé d'y trouver du plaisir. M'entraîner avec Renaud m'a vraiment ouvert les yeux là-dessus.

La quantité de sauts que Renaud pouvait enchaîner à l'entraînement était incroyable. La plupart de ces sauts n'étaient même pas nécessaires. Il en avait déjà réussi suffisamment de grande qualité, et tout le monde voyait bien qu'il avait trouvé le bon rythme et le bon timing. Mais Renaud s'en moquait. Il voulait sauter encore et encore parce que c'était du fun et que c'est ce qu'il aime faire plus que tout au monde.

Pouvoir vivre aux côtés de cette passion et de cet amour de la perche a également réveillé l'enfant qui était en moi. Ça m'a aidé à réaliser que le plaisir est la raison d'être du sport. C'est un cliché, mais c'est vrai. Le temps passé auprès de Renaud m'a transmis cette attitude de toujours m'assurer, quoi qu'il arrive, que je fais du sport pour être heureux et que je garde ce feu et cette motivation.

Renaud et moi avons toujours adoré être en compétition. Que ce soit à la perche ou ailleurs, peu importe. On pouvait jouer au tennis de table pendant des heures sans voir le temps passer. Idem à la perche, bien sûr.

Cela nous a naturellement réunis parce qu'on aime s'entourer de gens qui ont les mêmes centres d'intérêt et qui vous poussent à sortir le meilleur de vous-même. Renaud et moi sommes en phase sur tout ça.

Les gens disent qu'on ne devrait jamais rencontrer ses idoles. Mais je peux dire par expérience que ce n'est assurément pas toujours le cas.

Mondo Duplantis

Préface
Par Cédric Klapisch

Le champion.

Étymologiquement, un champion est celui qui combat sur un champ de bataille. C'est devenu par la suite celui qui s'implique dans un combat pour soutenir une cause.

Ça résume assez bien tout ce que je pense de Renaud.

Il est comme une sorte de chevalier des temps modernes.

Celui qui essaye d'être le meilleur, non pas par narcissisme ou égocentrisme mais plutôt pour le contraire, par « goût des autres »...

C'est ce qui est vraiment frappant chez Renaud Lavillenie (comme souvent chez les champions en athlétisme), il ne combat pas pour gagner contre les autres, il combat pour être le meilleur ; ce qui est très différent. Il se bat contre lui-même.

Je l'ai connu en janvier 2014, quelques semaines avant de me décider à faire un film sur lui. Il était tout surpris de découvrir que j'avais fait de l'athlétisme et du saut à la perche (de 11 ans à 18 ans). De mon côté, j'avais sans doute senti qu'il était dans une forme exceptionnelle. Je m'étais dit, sans trop savoir pourquoi, qu'il ne fallait pas que je rate ce meeting de Donetsk…

Le premier jour où je le filme, le 15 février 2014, il passe 6,16 m, le record du monde.

L'année qui a suivi son record du monde, il a tout de suite voulu reprendre le flambeau tenu jusque-là par Bubka.

Le stade de Donetsk avait été détruit par la guerre en Ukraine en mars 2014 (quelques semaines après cette compétition).

Directement il a proposé de créer le All Star Perche l'année suivante à Clermont Ferrand. Il a formé un collectif lié à sa ville et aux jeunes sportifs de Clermont, et c'était troublant en 2015 de voir Renaud compétiteur et organisateur de cet événement. Il accueillait ses collègues pour avoir la joie de se battre non pas contre eux, mais avec eux… C'est finalement ce côté altruiste et collectif qui reste encore aujourd'hui le plus marquant pour moi chez Renaud.

Sa complicité ancienne avec Sergueï Bubka puis sa complicité actuelle avec Mondo Duplantis. Ces trois-là ne combattent pas entre eux. Ils veulent tous les trois être les plus forts, les plus forts du genre humain.

Être le plus fort, être celui qui saute le plus haut, ce n'est pas être au-dessus des autres, c'est plutôt rechercher à améliorer la performance de tous les hommes, c'est être profondément avec les autres.

C'est ce qui est beau chez Renaud et qui force le respect : il a contribué à améliorer les performances du genre humain.

Le jour où je l'ai vu sauter devant mes yeux 6,16 m, oui il est devenu recordman du monde, oui il est devenu champion, mais au fond il m'a aidé moi aussi à passer une barrière infranchissable dont Bubka était le gardien.

Il nous a aidés tous et toutes.

Cette année-là, grâce à lui, on sautait tous plus haut.

Il s'est inscrit dans cette lignée des vrais champions, ceux qui améliorent globalement l'humanité…

Cédric Klapisch

Préface
Par Jean Galfione

« Je ne regrette presque rien »... J'imagine que nous avons tous plus ou moins des regrets au regard d'une vie, tout au moins d'une vie de sportif.

Pour moi, l'un de mes plus grands regrets est de n'avoir pas été un perchiste contemporain de Renaud.

Nous aurions probablement été les meilleurs ennemis du monde. J'aurais aimé être en concurrence avec lui, je l'aurais détesté et admiré, tant son talent est grand, pratiquement imbattable, imperturbable, d'une régularité et d'une détermination à en rendre dingue ses adversaires.

Renaud m'aurait tellement énervé qu'il m'aurait inspiré en permanence et, j'en suis persuadé, m'aurait poussé à faire mieux, à sauter plus haut.

Le génie de Renaud, c'est d'avoir réussi devant l'impossible.

Battre le record du monde de Sergueï Bubka, c'était quelque chose d'impossible à imaginer, ce record était promis à durer une éternité.

Renaud, sans jamais se comparer à personne, a réinventé son sport, du moins la façon de le concevoir. Lui seul pouvait imaginer ce qu'il allait réaliser. Cela fait de lui un pionnier.

En proposant une autre façon de faire de la perche, Renaud nous a donné à tous une leçon de détermination, et c'est bien la plus grande des qualités requises pour réaliser l'impossible.

Et puis il y a ce qui nous lie : notre titre de champion olympique, la barre des 6 mètres, la passion pour le saut à la perche et, bien sûr, notre amitié...

Mais ce en quoi je comprends peut-être le mieux Renaud, c'est cette incroyable volonté de bannir le manque d'engagement, de vivre ses projets à 100 %, son obsession non pas de la perfection mais de s'élancer en bout de piste comme si c'était son dernier saut.

Renaud a fait du bien à beaucoup de monde avec ses médailles, ses titres et ses records, mais il a surtout montré que les chemins qui mènent tout là-haut sont nombreux pourvu que l'on ait d'imagination, que cette quête vers les sommets est avant tout une aventure individuelle et personnelle.

Alors, Renaud, continue de nous surprendre comme seul toi sais si bien le faire.

Et surtout bon Envol !

Jean Galfione

Introduction

Pour ne rien vous cacher, cela fait déjà six ou sept ans que les éditions Solar me sollicitent chaque année pour écrire un livre. Et jusqu'à présent, j'avais décliné. Je trouvais le moment mal choisi, pas vraiment pertinent en plein milieu de ma carrière. Alors j'ai préféré attendre.

Mais nous y voilà ! En 2023, alors que les JO de Paris se profilent dans quelques mois et après quinze années à très haut niveau, je me décide à vous raconter mon histoire. Un mélange de moments forts de ma carrière, de coulisses de ces moments forts, d'anecdotes, de réflexions sur le saut à la perche et ma façon de l'envisager, de moments de vie plus personnels aussi... Bref, je me dévoile comme jamais.

C'est important pour moi car j'ai souvent été incompris dans mes choix, dans mes réactions, dans ma façon de faire et d'être très personnelle. C'est vrai, je n'ai jamais fait les choses comme tout le monde et je l'ai toujours assumé pleinement.

Vous serez peut-être surpris par certains passages de ce livre, ma manière de me livrer sans filtre, en toute franchise, mais c'est justement le but car c'est qui je suis, qui j'ai toujours été et qui je veux continuer d'être.

Je pense que c'est le bon moment car se présente à moi l'un de mes plus beaux défis avec les Jeux olympiques de Paris. Ils sont évidemment dans un coin de ma tête mais ils ne sont pas seuls et je regarde déjà au-delà.

J'ai toujours vécu le saut à la perche sans limite. C'est pour cela que le futur ne sera pas comme vous l'imaginez. Mon rêve est de toujours pouvoir sauter, le plus longtemps possible. Lors des plus grandes compétitions planétaires comme lors des petits meetings plaisir. Dans les plus grands stades comme dans mon jardin, simplement, avec mes enfants.

Alors oui, je ne suis pas près d'arrêter le saut à la perche, que cela plaise ou non.

Renaud Lavillenie

CHAPITRE 1

COGNAC

Mon père, mon enfance,
mes débuts, les chevaux,
le basket, mes études…

Rien ne me prédestinait à devenir un jour champion olympique et recordman du monde du saut à la perche. Et quand je dis « rien », c'est absolument rien. Parfois, pour les champions, il existe des évidences, un patrimoine génétique, des parents champions, un gabarit ou des aptitudes athlétiques hors norme, des résultats précoces, qui vous placent très tôt sur les radars. Dans mon cas, à part ma passion pour la perche, rien de tout ça, bien au contraire même, c'est peut-être ce qui rend l'histoire plus belle. En tout cas, c'est celle que je vais vous raconter.

À l'état civil, je suis né à Barbezieux-Saint-Hilaire, en Charente, le 18 septembre 1986. Je ne sais pas vraiment pourquoi mes parents avaient choisi cette clinique mais le fait est qu'on habitait à une demi-heure de là, à Cognac. Je suis donc un petit Cognaçais et je n'ai pas dû rester à Barbezieux plus de deux ou trois jours. Le jour où je suis sorti de la clinique, mon père avait une compétition de saut à la perche, il m'a emmené et il m'a posé sur un tapis de perche. C'était comme un baptême, une transmission de passion, quelque chose de très symbolique. Mon père était donc perchiste et ma mère faisait un peu d'athlé aussi, mais sans être vraiment athlète. La toute première perche que j'ai utilisée dans le jardin, c'était une ancienne tringle à rideau en bois, avec un embout arrondi. C'était plus de la simulation de saut qu'autre chose, soyons honnête, j'avais quatre ou cinq ans. Après, à sept ou huit ans, je me souviens d'une barre de fer, en alu peut-être, je ne suis pas sûr. Mais ce dont je suis certain, c'est que je la cachais dans le jardin et, le week-end ou le mercredi après-midi, je la ressortais pour me faire mon concours en empilant des trucs pour passer dessus. Je n'avais besoin de personne pour me faire mon délire.

Je suis issu d'une famille très modeste. Ma maman avait été adoptée avec sa sœur et je n'ai donc pas vraiment de famille de son côté. Je suis allé chez ses parents adoptifs, peut-être une ou deux fois par an, mais je n'ai jamais eu avec eux les mêmes liens, très forts, que j'ai entretenus avec mes grands-parents paternels. Mon père est le fils unique d'une famille de serruriers-ferronniers depuis cinq générations, des artisans très simples. Il avait appris le métier mais, à ma naissance, il ne l'exerçait déjà plus. Il bossait au service des Sports de la ville de Cognac, environ vingt mille habitants alors. Dans mes premiers souvenirs de lui, il s'occupait de l'entretien des installations sportives. Ma mère, elle, faisait des ménages et gardait des enfants. Bref, on n'a jamais roulé sur l'or. Mes parents m'ont eu très jeunes, à vingt et un ans. Donc, quand j'en avais dix, ils n'en avaient que trente et un. J'ai tout de suite et toujours été très proche de mon père. Il faisait de la perche, il jouait de la musique et il avait une moto, une Goldwing. Je me souviens que, quand j'avais sept ou huit ans, on allait au stade avec, le mercredi après-midi. Il s'entraînait, mon grand-père lui avait un peu appris la perche même si lui n'a jamais sauté. Ils étaient tous les deux au club de Cognac, où l'ambiance était très conviviale. Je garde d'ailleurs clairement beaucoup plus de souvenirs de mes copains de l'athlé que de ceux de l'école.

À sept-huit ans, j'avais déjà le virus. Mais ce n'était pas juste une envie passagère, un caprice d'enfant. Je faisais de l'athlétisme dans le seul but de sauter à la perche. Il faut savoir qu'on n'a pas le droit de pratiquer cette discipline en compétition avant la catégorie Benjamins, c'est-à-dire avant quatorze ans. Poussin, j'avais donc été surclassé pour pouvoir le faire et j'ai même gagné, parfois. Bon, il faut préciser que la Charente était un département où le niveau n'était pas très élevé non plus. Mais quand même, ça compte pour un enfant. Il est probable, au tout début, que j'aie voulu essayer la perche pour faire comme mon père. Mais il ne m'a jamais forcé à en faire et je ne l'ai jamais conscientisé. Ce que je sais, en revanche, c'est que tous les enfants n'ont pas la même passion que leurs parents, ce serait trop simple. On leur fait souvent essayer, on espère que la greffe va prendre, mais parfois elle ne prend pas. Il y a même des rejets, parfois assez violents d'ailleurs. Bref, il n'y a pas de règle en la matière.

* * *

Je suis l'aîné de la famille. J'ai une sœur, Bénédicte, et un frère, Valentin, qui ont deux et cinq ans de moins que moi. Puis mes parents se sont séparés quand j'avais dix ans et ma famille a été recomposée, comme beaucoup de familles, multi-recomposée même. J'ai trois demi-frères, sans parler des enfants qu'avait déjà la nouvelle compagne de mon père. Bref, une grande famille. Après leur divorce, mes parents sont restés proches géographiquement et se sont installés dans les Landes, à Grenade-sur-l'Adour, près de Mont-de-Marsan. Ça a marqué une rupture dans mon histoire avec la perche. Ou plutôt une pause.

Mon passage dans les Landes a correspondu à mes années collège. En arrivant, ma priorité était de continuer à faire de la perche mais je ne m'y suis pas retrouvé lors de ma première séance au club local. Il n'y avait rien à voir dans l'ambiance, dans l'approche, avec ce que j'avais vécu à Cognac. Je passais d'un stade d'athlé au sein d'un club structuré, avec des séances de course, de sauts, de lancers... à une séance de footing, des jeux, même pas sur une piste. Au bout de deux ou trois séances, je n'avais toujours pas touché de perche, ça ne collait pas du tout. Et en parallèle, à l'école, j'avais un copain, qui habitait à côté de chez ma mère, qui m'a emmené au basket, le grand sport des Landes, avec sa salle et son club dans chaque village. Il n'y avait ni foot, ni rugby, mais du basket. Comme je courais bien, je me suis débrouillé, toujours le premier en attaque et en défense. Même si mon gabarit était à l'opposé de celui d'un basketteur. Mais c'étaient mes années collèges, entre potes, j'y ai joué trois ans, un très bon souvenir.

Avec sa nouvelle compagne, mon père a acheté des chevaux, une ancienne ferme qu'il a retapée et il a monté une sorte de petit centre équestre pour emmener les gens en balade. Il avait fait du cheval, jeune, il a décidé de passer tous les diplômes requis. Le matin, avant d'aller en cours, je passais dans les boxes pour voir si tout allait bien, nourrir les chevaux si nécessaire. Je montais le week-end, j'aidais à encadrer sur les balades. J'adorais ça. Si j'avais trois ou quatre hectares, j'aurais à coup sûr des chevaux à la maison, aujourd'hui. Quand je repasse à Cognac, parfois, à Noël, il reste un cheval avec lequel mon père s'était lancé dans la voltige cosaque, il m'avait initié. Faire des figures sur un cheval au galop, c'est un truc de casse-cou, donc ça me collait bien. Ce cheval ne voit plus personne sur son dos désormais, mais je le monte à chaque fois que je peux. J'ai depuis renoué le contact avec le cheval, qui ne m'a jamais laissé insensible, mais d'une manière différente et tout aussi passionnante.

Il y a quelques années, Jules Cyprès, un perchiste qui a passé 5,55 m, avait intégré notre groupe à Clermont. Il est le fils d'un éleveur de chevaux de course d'obstacles, qui courent à Auteuil et ailleurs. On en a pas mal parlé, ça m'intéressait et il m'a proposé d'investir dans leurs chevaux. Cela fait trois ans que j'ai des parts dans des chevaux de course. Il est installé près de Cercy-la-Tour, pas très loin de chez moi, alors j'y passe quand je peux pour les voir. L'objectif de ces chevaux, c'est de courir le Grand Steeple-Chase de Paris et d'autres grandes courses. Cela fait un an et demi qu'ils participent à des compétitions. Je n'en suis que le copropriétaire. L'idée est pour moi d'avoir une petite part de plusieurs d'entre eux. Car au bout du compte, que je détienne un cheval à cent pour cent ou à dix pour cent, je vais vibrer de la même manière pour lui. Et pour le même montant, j'ai finalement dix fois plus de chance de vivre de grands moments. Je prends un énorme plaisir à les suivre. Toute la famille s'y est mise, on adore passer une journée à Auteuil quand on peut. En 2022, j'ai une pouliche qui a gagné la plus grosse course de trois ans dès la première saison. Mais c'est une autre histoire.

* * *

Dans les Landes, ma sœur vivait avec ma mère et les garçons avec mon père. Cette époque a correspondu au début de mon autonomie. J'allais au collège à vélo, à deux kilomètres, en solo. Et puis j'aidais mon père pour retaper la maison, prendre soin des chevaux. J'étais loin de la crise d'adolescence et des écrans, je ne réclamais pas la dernière Nintendo, j'avais surtout besoin de bouger. Mes années collège, 1996-2000, étaient celles de la démocratisation des téléphones portables et de l'accès à Internet mais je n'étais pas là-dedans, je vivais assez déconnecté. Y compris de ce qui se passait dans le sport, d'ailleurs. Sauf pour la perche. Je ne sautais plus mais mon père avait gardé son étui de perches et je les sortais en cachette. Il m'est arrivé plein de fois d'aller dans les bois et de me faire tout seul mon propre délire, m'inventer mon petit championnat, en sautant par-dessus une haie ou des bottes de foin. En tant qu'aîné de la fratrie, je n'ai jamais été le privilégié de la famille. En voiture, dans le sept-places, j'étais au fond, dans le coffre. Mais ça ne m'a jamais posé de problème. Je n'ai jamais reproché à mes parents de m'avoir fait vivre tel ou tel truc. Ça m'a forgé au contraire ma personnalité, permis très tôt de comprendre que rien n'est jamais acquis et qu'il faut aller chercher ce qu'on veut.

On est revenus à Cognac pour le Noël 2000, j'étais en 3e. Je crois pouvoir dire que, dès le lendemain, j'étais au stade d'athlé pour sauter à la perche. Je ne me suis jamais demandé si j'allais continuer à faire du basket. Je n'ai plus arrêté la perche depuis. J'étais alors devenu le roi de la bricole et, dans le jardin, je faisais des poteaux avec deux bouts de bois. Avec une vieille perche cassée, je sautais et je retombais dans le bac à sable. Ou alors, quand je rentrais du lycée, s'il n'y avait personne à la maison, je prenais mon élan depuis le salon avec deux ou trois foulées, puis trois ou quatre autres sur la terrasse, je piquais ma perche et je me réceptionnais dans la piscine. En 2003, on a fait construire une maison à côté de Cognac, mon père avait gardé deux ou trois chevaux et il y avait un grand hangar pour eux. On avait récupéré un vieux tapis de hauteur qu'on avait ramené à la maison et là, ça commençait à ressembler à un sautoir.

À l'époque où j'ai vraiment commencé à faire beaucoup de perche, à quatorze ans, mon père ayant repris l'entreprise familiale, il avait moins de temps pour moi. Même si le saut à la perche demeurait vraiment sa passion et qu'il aimait me suivre en compétition, ce n'était pas toujours possible. Dans ces cas-là, c'étaient mes grands-parents qui s'en chargeaient. Mon grand-père était d'ailleurs juge d'athlétisme. Je passais beaucoup de temps chez eux à cette époque. Ils habitaient à trois minutes du stade. À la sortie du collège, je passais chez eux en attendant d'aller à l'entraînement plutôt que de rentrer chez moi. Je me faisais une coupe de trois ou quatre boules de glace, on jouait au rami, ce sont des souvenirs formidables, des moments que j'aimerais revivre tous les jours si c'était possible.

Dans les Landes, j'avais tissé des liens forts avec mon père et j'ai alors appris énormément de choses à ses côtés. D'abord, être bricoleur. Je sais faire plein de choses de mes mains. Quand je raconte qu'on a fait construire une maison là-bas, la vérité est qu'on a bien dû en faire la moitié nous-mêmes. Poser le carrelage, peindre les plafonds... Je n'étais pas l'ado qui partait en virée avec ses copains le week-end. Quand il y avait des trucs à faire à la maison, j'étais là. Puis, à Cognac, mon père a repris l'entreprise de serrurerie familiale. Mon stage de 3e, je l'ai naturellement fait avec mon grand-père pour apprendre un peu le métier. Je sais me servir d'une forge, dupliquer une clé de serrure, réparer un volet roulant... Au quotidien, aujourd'hui encore, j'adore passer du temps dans mon garage pour bricoler tout et n'importe quoi, désosser et remonter des vélos, construire une cabane de A à Z pour ma fille... C'est essentiel de garder ça à côté de la perche, pour se déconnecter. Dans ces moments-là, je ne suis plus du tout un champion olympique, je redeviens le Renaud qu'un pote appelle parce qu'il ne sait pas planter un clou et chez qui je débarque avec ma caisse à outils pour fabriquer une étagère. Tout ce que j'ai appris dans mon adolescence m'a aidé à forger des traits de caractère qui m'ont servi sur la piste.

À la fin du lycée, mes parents n'avaient pas les moyens de me payer une voiture. Mon arrière-grand-mère, chez qui j'ai passé beaucoup de temps, me disait toujours que tout travail mérite salaire. Et si je lui taillais le cerisier ou que je lui passais la tondeuse sans aucune arrière-pensée, elle était contente de me filer une petite pièce. J'ai bossé deux étés dans une entreprise de mise en bouteilles de cognac, et en sortant, le soir, je fonçais sur la piste. C'était une époque où j'étais à 4,60 m-4,70 m, dans le top 15 Juniors français. Il ne s'agit surtout pas de faire pleurer dans les chaumières. Je n'ai pas été malheureux, au contraire même, j'ai aimé mon enfance. Mais je crois qu'elle est importante à connaître pour comprendre la suite. Elle explique pourquoi je savoure des performances qui n'ont rien de particulier souvent aux yeux des gens.

À présent, je ne me pose jamais la question de savoir pourquoi je continue à sauter, alors que bien des gens ne comprennent pas et disent qu'ils auraient déjà pris leur retraite depuis longtemps à ma place. C'est juste que je reste ce gamin qui faisait tout pour sauter à la perche, qui rêvait de participer aux Jeux olympiques. J'ai tout donné pour ça, j'ai toujours cru en moi, peut-être parfois trop, même, sans jamais baisser les bras. Avoir eu à un moment donné à la maison les frères Hatfield, qui à eux deux ont développé quasiment toutes les paires cultes de Nike, la Free, la Air Max, la Air Jordan ou la chaussure autolaçante de

Retour vers le futur, pour qu'on développe ensemble une nouvelle paire de pointes, c'était évidemment un drôle d'accomplissement pour le petit Cognaçais que j'ai été, qui n'aurait évidemment jamais pu l'imaginer, qui bricolait tout seul pour sauter dans son jardin et qui n'avait bien sûr pas les moyens de s'offrir l'une de ces paires mythiques.

* * *

À Cognac, il n'y avait pas de salle pour sauter à l'abri pendant l'hiver. Je m'entraînais forcément dehors, le soir, c'était évidemment très limitant en période hivernale. Au stade, on avait un bon sautoir pour l'été mais le reste du matériel faisait un peu défaut. Il fallait que je compose avec trois perches. Chaque année, le club essayait de m'acheter une perche, parfois deux, mais c'était compliqué. Mon père s'occupait de mes séances de perche mais, à côté, j'ai commencé alors la prépa physique, à faire des séances de sprint et pas mal de haies, avec deux autres entraîneurs du club, de très bons potes de mon père. L'un d'eux, Emmanuel Richardeau, un ancien coureur de 400 m haies, lui a d'ailleurs racheté par la suite l'entreprise de serrurerie familiale Lavillenie. L'hiver, les compétitions en salle étaient en fait plus des entraînements pour moi. J'ai malgré tout progressé car je sautais sur chaque occasion de sauter avec appétit, pour en profiter à fond.

Je me suis qualifié pour mes premiers championnats de France en 2003, à Lyon-Parilly, j'étais cadet 2e année. J'avais fait 4,30 m, j'avais un équipement sportif basique, une perte de pointes passe-partout, une tenue achetée en soldes pour faire l'année, entraînements et compétitions. Mon père m'avait dit qu'il m'en achèterait une bien si je passais en finale. Ce que j'ai fait, il a tenu sa promesse et j'ai sauté avec en finale, des belles « triple-saut-perche » Adidas, avec la fermeture gris et orange. C'était extrêmement fort pour moi. Quand je vois aujourd'hui ce que je reçois de mon équipementier, Puma, dix paires pour faire l'année, je savoure. Mais quand je pense aux contrats que j'ai signés des années plus tard, je n'oublie pas que, dans ma vie, rien n'a jamais été tout cuit. Je sais que mes enfants ne vivront pas la même adolescence que moi. Même si je compte bien leur inculquer des valeurs, leur expliquer qu'ils doivent mériter ce qu'ils ont aux pieds, je sais qu'ils auront plus d'une paire de pointes par an s'ils font de l'athlé, quand même.

À un moment donné, notamment quand j'étais cadet, dépasser le record de mon père, 4,41 m, a bien évidemment été un objectif. C'est logique. La première fois où je l'ai tenté, c'était cool. C'est arrivé lors de ma première année junior. C'était logique aussi. On voyait mes progrès d'année en année et on savait tous les deux que ce n'était qu'une affaire de temps, que ça arriverait cette saison-là. J'avais attaqué la saison à 4,30 m, je l'ai finie à 4,60 m. Le record de mon père, je l'ai en quelque sorte enjambé. Je ne me souviens pas précisément ce qu'il m'a dit ce jour-là, mais en gros c'était : « Maintenant, c'est toi ! » Comme un passage de relais. Aujourd'hui, j'ai mis la barre si haut que je me dis que si mon fils tentait un jour mon record, ce serait du solide, une tout autre problématique, mais une très bonne problématique. On n'y est pas encore.

Quand je suis parti à la fac à Poitiers, après le bac, j'étais boursier, je vivais dans une piaule de 9 m^2 en résidence universitaire mais je ne revendiquais rien d'autre. Quand j'étais sur la piste, je prenais avant tout du plaisir, je n'avais aucune idée de gains à venir, ça ne serait que du bonus. Simplement, par rapport à Cognac, en matière d'infrastructures, c'était le jour et la nuit. J'étais à la fac, donc un peu livré à moi-même, mais d'un point de vue sportif, je pouvais sauter au moins une fois par semaine toute l'année. L'hiver, on déroulait un tapis de 30 m de piste dans un gymnase avec un sautoir. Le créneau était restreint, de 18 heures à 20 heures, avant de libérer les lieux pour les handballeurs, mais ça m'a fait passer un cap monumental. Même si je retrouvais mon père quand je rentrais le week-end, j'ai bien sûr changé d'encadrement à cette époque. Il y avait alors Pascal Guilleux, un perchiste vétéran avec qui je me suis très bien entendu. La première année, en 2005-2006, c'était mon partenaire d'entraîneur. La deuxième année, il était aussi devenu mon coach. Et puis il y avait le formidable Gérard Lacroix, malheureusement disparu, qui dirigeait le pôle fédéral et s'occupait de ma prépa physique. Au total, en deux ans à Poitiers, je suis passé de 4,70 m à 5,45 m. Tout simplement parce que j'avais intégré le saut à la perche dans mon quotidien.

Finalement, ce que j'ai gardé de l'enseignement perche de mon père, c'est d'abord indéniablement la passion. Et c'est essentiel. Ma technique, elle s'est forgée de façon atypique, empirique. Là-dessus, j'ai toujours été assez maître de mes choix. Mon père et mon grand-père n'étaient pas des entraîneurs reconnus. Mon père était autodidacte, et moi aussi, d'une certaine manière. Il était très ouvert sur les conseils, il aimait en prendre auprès des coaches reconnus, il n'hésitait pas, par exemple, à aller demander à Thierry Vigneron ou Georges Martin, et il m'a encouragé à aller voir ailleurs, à Poitiers puis à Bordeaux, où Georges avait un gros groupe que j'ai commencé à côtoyer, avec Romain Mesnil, alors leader de la perche française. Mais le fait de ne pas avoir été dans une grande structure très jeune, avec un grand mentor, m'a forgé en tant que perchiste autonome. Je prenais et je voyais ce qui me convenait.

Mais ce qui était au cœur de mon réacteur, c'était bien la passion. Le principal message que j'aimerais faire passer, c'est que ce n'est pas le niveau de vos performances qui dictera votre niveau de passion. Il faut admettre et accepter que l'on peut être le plus grand des champions sans être passionné et, à l'inverse, on peut être le plus grand des passionnés et avoir un niveau lambda. J'ai eu la chance d'apprendre par la passion, et le fait que les performances aient suivi derrière est un bonheur d'autant plus inégalable. Je déteste entendre trop souvent des sportifs parler de sacrifices. Vous faites vos choix par passion et non par contrainte. Si c'est trop de sacrifices, arrêtez et faites autre chose ! Cette idée ne m'a jamais effleuré, même quand j'étais à l'université et que je ne roulais clairement pas sur l'or. Au mieux, en plus de mes bourses, je ne récoltais jamais plus de cinquante euros par-ci ou par-là sur les compétitions. Mais le temps que je consacrais à la perche, c'était un cadeau. C'est d'ailleurs pour ça que quinze, vingt ou même trente ans après, je prends toujours autant de plaisir à sauter à la perche, quel que soit mon niveau.

CHAPITRE 2

ANAÏS

Clermont, ma compagne,
l'âge adulte, mes enfants,
mes choix, mes projets…

Je ne sais plus exactement quand on s'est rencontrés, avec Anaïs, pour la première fois. Ça peut paraître bizarre, dit comme ça, mais le fait est qu'on était alors tous les deux sur le circuit de saut à la perche et qu'on était donc forcément appelés à se croiser régulièrement. Mais je dirais probablement en 2007, lors de la saison en salle. En tout cas, notre premier bisou date des championnats de France cet été-là à Narbonne. Elle avait dix-huit ans, j'en avais vingt et un, ce n'était donc plus une histoire d'ados mais on ne se projetait évidemment pas non plus encore dans une vie de famille avec enfants. On ne faisait pas de plan sur la comète. À l'époque, je m'entraînais à Bordeaux, elle était à Clermont. Quand c'est devenu officiel, assez rapidement, s'est posée la question pour moi du virage que j'allais donner à ma carrière. Or, à Bordeaux, je trouvais que je n'avais pas l'équilibre global dont j'avais besoin pour m'épanouir.

Après mes progrès en deux ans à Poitiers, j'avais assez logiquement opté en septembre 2008 pour rejoindre le groupe de Georges Martin. J'avais commencé à côtoyer ce groupe, notamment lors de stages, et il m'avait un peu fait du pied. C'était un groupe très costaud. À 5,45 m, je n'en étais que le sixième sauteur, au mieux, alors qu'à Poitiers, derrière moi, le deuxième ne faisait que 4,70 m. Cette stimulation était ce qui me manquait. Il y avait Romain Mesnil, qui venait de gagner la médaille d'argent aux championnats du monde en 2007 et qui avait un record à 5,95 m, ce qui en faisait le deuxième perchiste français de l'histoire derrière Jean Galfione. Mais aussi Damiel Dossevi et Alex Barbaud, tous deux à 5,75 m, Fabrice Fortin (5,55 m) ou Stéphane Diaz (5,45 m). Bref, même avec un niveau me permettant de me qualifier pour les championnats de France, je n'étais personne à Bordeaux. Au sein de ce groupe, j'ai appris pas mal de choses sur moi. Je baignais pour la première fois dans le très haut niveau. Georges Martin n'était pas seulement un très bon coach, très reconnu, qui avait travaillé avec Jean-Claude Perrin et s'était occupé de Thierry Vigneron, de Pierre Quinon et de beaucoup d'autres très bons perchistes français. C'était aussi, et c'est toujours, humainement parlant, quelqu'un de formidable, que j'adore et qui m'adore, je crois, toujours ravi de faire quatre cents bornes quand je l'invite l'hiver au All Star Perche à Clermont et que j'appelle régulièrement pour prendre des nouvelles.

Je m'entendais aussi très bien avec les gars du groupe, tous devenus très vite des bons copains. On s'est bien marré ensemble. C'est d'ailleurs là que mon surnom, « la machine », est né. J'étais celui qui ne lâchait rien, j'étais tout le temps à bloc. Je crois que ça remonte à décembre 2007 et au meeting d'Aulnay, quand j'explose, en passant de 5,45 m à 5,58 m. À l'époque, les gars faisaient souvent des petits montages. Et ils y associaient toujours mon image avec la musique de *Terminator*. Je crois qu'ils m'ont d'abord appelé le T-1000, l'androïde de deuxième génération, puis *la macchina* ou « la machine ». Je crois que ce qui les faisait halluciner, c'est que je me livrais toujours à des séances de saut de deux heures à bloc. Personne d'autre ne faisait ça. Mais c'est ce qui m'a toujours caractérisé. C'est un point de divergence qu'on avait avec Georges. Ce n'était pas tant qu'on n'avait pas la même vision de la perche que celle de l'entraînement. J'avais besoin de plus sauter, j'ai toujours eu besoin de beaucoup sauter, ce que Georges ne me proposait pas. Il y avait aussi la question de mon double projet avec mes études en STAPS. Je logeais à une grosse demi-heure de là où je m'entraînais, les entraînements étaient l'après-midi et il fallait que je me libère. Tout ça n'était pas centralisé comme ça pouvait l'être quand j'étudiais à Poitiers, ce n'était pas optimal. Or je n'étais pas encore en position de pouvoir renoncer aux études car mon avenir n'était encore pas du tout écrit dans la perche. Et puis il y avait Anaïs…

J'ai donc pris la décision brutale de quitter Bordeaux pour Clermont avant même la fin de ma première saison de perche estivale là-bas, en mai 2008. Je sais que Georges m'en a voulu de partir avant la fin de l'année, et je le conçois. Il est convaincu que je me serais qualifié avec lui pour les JO de 2008. Il n'a peut-être pas tort là-dessus. Si c'était à refaire, je ne suis pas sûr que je procéderais comme ça. Mais quand on sait ce qui s'est passé après, les faits m'ont plutôt globalement donné raison quand même. Dans l'année qui a suivi, ma façon de sauter a changé et je ne suis pas sûr que j'aurais exploité mon potentiel totalement sans partir. En restant à Bordeaux, j'aurais à coup sûr passé 5,80 m ou 5,85 m. Mais au-delà, on ne saura jamais. La particularité de notre séparation, c'est qu'on s'entendait bien, ce qui la rend peut-être plus difficile à admettre. En tout cas, on a toujours de belles relations. Bref, s'il n'y avait pas eu Anaïs, je ne serais par parti à Clermont alors qu'à Bordeaux, je n'étais pas loin de ma famille et qu'il y avait un super groupe. Et je n'ai d'ailleurs jamais envisagé d'aller ailleurs.

* * *

Si je suis devenu Clermontois, et heureux de l'être depuis quinze ans, c'est du fait d'Anaïs. Mais c'est aussi le résultat de ma manière d'agir, de n'avoir jamais eu peur de bouger, de passer deux ans à Poitiers, puis un à Bordeaux… La vérité est que j'ai toujours tracé ma route sportive à ma manière en fonction de ce que je pensais être meilleur pour moi. Je suis par nature plus un loup solitaire qu'un loup de meute. Clermont présentait aussi l'avantage d'infrastructures sportives de qualité à Aubière, avec le STAPS à moins de cent mètres du stade et de la salle d'athlé, le Stadium Jean-Pellez, un super outil. J'ai d'abord fait quelques allers-retours Bordeaux-Clermont pour bien voir où je mettais les pieds. Mais la décision a été vite prise. Depuis, je n'ai plus bougé.

Anaïs m'a apporté la stabilité, un ancrage essentiel. En la rejoignant, je me suis éloigné de ma famille et j'ai été très bien accueilli par la sienne. Je me suis vite senti à l'aise, pas déraciné. Anaïs m'a connu avant que je sois connu, justement, à un moment où personne, moi compris d'ailleurs, ne pouvait imaginer que je devienne un jour une star de mon sport. C'est important car ça exclut tout doute sur une relation possiblement faussée d'entrée, ce que des champions ou des entourages de champions craignent parfois. Moi, à l'époque, je faisais 5,30 m, j'avais des mèches bleues, j'étais sans argent, je n'étais rien. Anaïs ne pouvait évidemment pas se mettre avec moi par intérêt.

J'ai d'abord été hébergé chez sa mère en arrivant, puis dans un studio à soixante-dix mètres du Stadium pendant un an, de septembre 2008 à septembre 2009. Nous avons ensuite emménagé ensemble dans un bel appartement, un T3 avec balcon très sympa, puis dans ce qui est notre maison depuis décembre 2010. Je ne suis pas un gars de la ville. À Clermont, je n'ai jamais vécu dans le cœur de la ville. On pourrait dire que je suis plus volcan que place de Jaude. On a plus de chance de me croiser par hasard en VTT dans des chemins de campagne que faisant du shopping en ville.

Clermont est un bastion de la perche en France. Pour un ensemble de raisons historiques que je ne connais pas sur le bout des doigts. Mais ce qui est certain, c'est qu'il y a une culture instaurée de longue date et une structure rare en France, avec le Stadium, depuis 2002. Il y a également plusieurs coaches et un renouvellement des groupes au fil des ans. Cela a été nourri au départ par des passionnés, au moins depuis Hervé d'Encausse, recordman d'Europe dans les années 1960. Et puis il y a eu Roland Gras, François Juillard, Joël Bailly, Philippe d'Encausse, le fils d'Hervé et mon coach aujourd'hui... Si l'on compare avec Grenoble, la belle histoire de la perche là-bas est essentiellement liée à la famille Collet, Jacques puis son fils Philippe, puis ses fils Thibaud et Matthieu désormais. Sans les Collet, la perche grenobloise n'existerait sûrement pas comme cela. À Clermont, elle est multiple, il y a eu du haut niveau à chaque décennie.

Le fait que ma compagne, Anaïs, soit une perchiste, n'est pas un hasard au départ mais ça a été très important à plein d'égards pour la suite. On voit que l'incompréhension au sein des couples est souvent liée à la méconnaissance de ce que fait l'autre et de ses contraintes, ses obligations, ses choix. Avec Anaïs, on ne s'est pas mis ensemble en se disant que c'était pour la vie, mais beaucoup de choses sont allées d'elles-mêmes. On a commencé par faire de la perche ensemble. Quand je l'ai rejointe à Clermont, elle s'entraînait avec Damien Inocencio, que je côtoyais un peu par rebond, et j'ai décidé de rejoindre leur groupe. Je suis resté avec lui quatre ans, jusqu'à mon titre olympique en 2012. Au départ, chez Damien, il y avait quelque chose qui m'intéressait. J'étais jeune, vingt et un ans, lui aussi, trente ans. Il avait sauté 5,40 m au début des années 2000 et il valait encore 5 m. Ce qu'il proposait était dynamique, ce que je cherchais. Et on a pas mal cherché.

* * *

Anaïs n'a pas fait la même carrière que moi puisque la sienne a été d'un niveau national, avec une médaille aux championnats de France en 2015, mais ça nous a permis de partager la perche quand même. Elle a quitté Damien avant moi, on n'a plus eu le même coach ensuite, mais on a continué à faire des stages ensemble, jusqu'au bout du monde, et des compétitions, notamment sur le circuit du Perche Elite Tour l'hiver. On a même pu parler technique de perche jusque sur le coin de l'oreiller. On a partagé des ressentis mais on ne gérait pas les émotions de la même manière, le stress et la tension inhérents à la compétition, donc il nous est arrivé d'avoir des incompréhensions. Anaïs ne concrétisait pas en compétition les belles choses dont elle était capable à l'entraînement ou à l'échauffement. Elle a pu avoir des blocages par rapport à la barre, un truc qui m'est inconnu, la barre m'ayant au contraire toujours boosté.

Je ne sais pas si mes performances ont pu inhiber sa carrière sportive. Mais j'ai certains traits de caractère propices à la performance qu'elle n'a pas. Je suis ultra-compétiteur dans tout ce que je fais. Quel que soit le domaine dans lequel je me lance, j'ai confiance dans le fait que je vais y arriver… à part traverser la Manche à la nage peut-être. Je ne me pose pas la question de la limite objective, je n'y crois pas trop. Même si c'est au-dessus de mon niveau, même si les spécialistes ne croient pas ça réalisable pour moi, je vais tenter d'y arriver. Et si ça ne marche pas, je ne pourrai pas me reprocher de ne pas avoir essayé. Anaïs, comme beaucoup, va d'abord penser que c'est inaccessible. C'est souvent ce qui fait la différence entre le haut et le très haut niveau. Je pense qu'elle n'a pas sauté aussi haut qu'elle aurait pu prétendre. Elle a un record à 4,26 m mais elle aurait dû passer 4,40 m, on en est persuadés. Après la naissance de notre fille, Iris, elle avait très vite retrouvé un bon niveau, à plus de 4 m, mais le Covid a tout éteint.

Et puis on est partis sur le projet de notre deuxième enfant, Gabin…

À la suite de la triste disparition de Joël Bailly, l'AS Montferrand lui a proposé de venir s'occuper de perche au club, avec des jeunes de catégories Minimes et Cadettes – dont certains ont commencé la perche avec elle. Ça a l'air d'être son truc. Elle a commencé à passer des diplômes, elle se forme. À la dernière rentrée, elle a rejoint le club que j'ai créé début 2023, Envol. À l'origine de ce projet, il y avait le constat que je ne m'y retrouvais plus dans les structures traditionnelles. Et je n'étais plus en accord avec mon club, le Clermont Athlétisme. Mais je ne voulais pas partir d'un club où j'ai passé treize ans pour un autre existant avec le même fonctionnement. J'ai retrouvé des notes datant de 2017 sur l'idée de monter mon propre club. Et, à l'été 2022, j'ai senti que c'était le moment de me lancer. Au passage, cela m'a coûté 6 000 euros de frais de mutation pour m'acheter moi-même. C'est assez marrant. Envol va m'accompagner sur ma fin de carrière. Ce qui ne change rien par rapport à mon entraînement au pôle national de perche. Mais l'idée est surtout de faire bouger les lignes pour d'autres, notamment les jeunes. Quand je l'étais, j'ai vu que le saut à la perche coûtait cher et aussi combien c'était compliqué à allier avec les études, voire la vie privée. Il faut un accompagnement plus en rapport avec l'air du temps. Ce qui marchait en 2000 est obsolète en 2020, les jeunes ont changé.

À Clermont, en adhérant à la Cité des talents, une association qui aide à un projet culture, danse, musique ou sport en lien avec les études, on veut construire le projet de jeunes athlètes ensemble. Pour qu'ils y gagnent en sérénité, quand d'autres arrivent épuisés par la charge globale à l'entraînement. Et puis sur mon nom, je peux trouver des partenaires, financer du matériel, des tenues... Et si parmi eux, certains arrivent au plus haut niveau, même si l'idée n'est pas une fabrique à champions, je veux pouvoir les accompagner. Il y aura donc de la transmission, du partage de mon expérience, avec l'athlète mais aussi la famille de l'athlète, pour que tout le monde soit aligné. Et puis je veux y développer des stages type « académie », pendant les vacances, comme il en existe en tennis et d'autres sports mais pas du tout en athlé. Je ne veux pas un club de 150 licenciés mais une petite structure où on se connaît tous et où on peut tous s'apporter. Aujourd'hui, pour faire un stage à la perche, il faut être très bon, sélectionné, je veux ouvrir ça à tous. Mais c'est un projet qui n'arrivera pas à maturité complète avant plusieurs années. À terme, je veux aider à professionnaliser athlètes et entraîneurs.

* * *

Pour déposer les statuts du club, il fallait cinq licenciés. La cinquième, c'est ma fille Iris. À six ans, la voilà déjà licenciée ! C'est symbolique, mais papa et maman rêvent qu'elle fasse de l'athlé. Attention, un enfant de perchiste ne devient pas forcément perchiste. Mais c'est rare qu'il n'essaie pas. Je vois que la fille de Jean Galfione s'est lancée dans la perche alors que Jean n'était plus vraiment dans le milieu. Comme elle est à bloc, il s'y est remis un peu. Dans mon cas, il y a carrément le sautoir dans le jardin et Iris a déjà commencé. On est d'accord avec Anaïs sur un point : on veut que nos enfants fassent du sport, on sait à quel point c'est important. Mais on ne veut surtout pas les obliger à en pratiquer un qui ne leur plaît pas. Il en existe assez pour qu'ils trouvent leur bonheur. Pour l'instant, ils sont jeunes, il s'agit plus d'activité physique que de sport. Après, la perche, c'est très particulier. Tout le monde n'essaie pas ça un jour dans sa vie et ça ne colle pas à tous les caractères. La fille de mon coach Philippe avait a priori des chances pour que ça lui plaise puisque son grand-père et son père ont participé aux Jeux olympiques à la perche. Mais la pression de l'héritage, ça a ses limites, elle préfère actuellement le 400 m haies. Notez bien que sa mère est une ancienne sprinteuse. Chez nous, il y a moins de choix, c'est perche, perche, ou perche.

Plus sérieusement, le premier danger, c'est le parent ex-sportif qui veut combler une carrière frustrée à travers son enfant. Ça ne peut pas m'arriver. Le deuxième, c'est l'ex-champion qui veut que son enfant vive la même chose que lui. Bon, depuis la naissance de Gabin, je dis en rigolant qu'il y a un record du monde à récupérer, mais ce n'est qu'une blague et j'espère que je garderai la distance nécessaire. Je sais à quel point tout repose sur le plaisir dans le sport. À Envol, on est clair avec le fait qu'il ne faut pas pousser de manière excessive un enfant car, avant un certain âge, on a alors toutes les chances de le dégoûter. Chaque enfant évolue à son rythme et tous n'ont pas vocation à faire du haut niveau. Il n'y a pas de méthode imparable non plus. Si on prend la famille Duplantis, dans laquelle le père, Greg, était perchiste, et la mère, Helena, heptathlonienne, ils ont quatre enfants, dont un fait une carrière de foot US et, parmi les trois autres, seul Mondo a eu de vrais résultats. Mondo est toujours entraîné par ses parents mais c'est un cas assez rare. Assez fréquemment, à partir d'un certain niveau, le parent n'est plus le mieux placé et peut peiner à faire la part des choses entre ses différentes casquettes. Surtout quand il a été un grand champion. Car ce qui a marché pour lui ne marche pas forcément pour son enfant.

Si ma fille devient perchiste, j'adorerai l'accompagner le plus loin possible mais j'espère que je la mettrai toujours au cœur de la réflexion de ce qui est le mieux pour elle et que je lui conseillerai de partir avec un autre coach que sa mère ou son père si c'est pour son bien. J'ai vu comment mon père a pu projeter en moi certaines choses qu'il n'avait pas réalisées et ç'a été une zone de conflit. Il a été assez ouvert pour s'ouvrir vers d'autres compétences, il s'est beaucoup impliqué pour démarcher pour moi. Quand j'étais à Poitiers, je n'avais pas de vrai coach perche, et le week-end, j'étais avec lui. À Bordeaux, Georges était très sympa et il l'intégrait volontiers. Mais quand je me suis installé à Clermont, il a eu du mal à accepter qu'il ne serait pas mon entraîneur à vie alors que j'avais besoin qu'il soit mon père à vie. Il s'était imaginé qu'on ferait les plus grandes compétitions ensemble, comme le vivent les Duplantis. J'en suis sans doute en partie responsable car j'ai du mal à verbaliser les choses sensibles, j'espère souvent qu'elles vont être comprises sans que j'aie à les énoncer. Il a fallu clarifier les choses. Mon père n'avait pas les compétences techniques pour me faire passer toutes les étapes. Mais j'avais peur de le blesser aussi et je comprends qu'il ait pu se retrouver un peu perdu, sur des compétitions, à ne pas savoir où se mettre dans les tribunes. À Clermont, ma vie a changé à tous les niveaux. Cela a pris du temps pour que tout soit apaisé et à sa juste place entre mon père et moi. D'une certaine façon, je crois que ça date finalement de la naissance d'Iris. Là, j'étais père moi-même…

* * *

La paternité a changé la donne pour moi. Profondément. Elle a changé mon rapport à l'échec en le relativisant. Et donc aussi mon rapport à la victoire, pour les mêmes raisons. Mais surtout l'échec. De façon presque symbolique, mes enfants sont tous les deux nés des week-ends de championnats de France. En juillet 2017, ils avaient lieu à Marseille. Le jeudi soir précédent, tard, j'ai accompagné Anaïs à la maternité. Le 14 juillet, à 7 h 30, Iris est née, une émotion dingue… et j'avais le championnat de France deux jours après. Anaïs m'a dit que je pouvais aller faire ma compétition, qu'il n'y avait aucun intérêt à ce que je reste là à tourner en rond. Je suis descendu à Marseille, ça faisait des jours que je n'avais que très peu voire pas dormi, et j'ai gagné avec 5,80 m, un titre parmi d'autres mais qui gardera toujours une saveur à part. Je suis reparti direct et j'étais à côté d'elles à minuit. Trois semaines après, quand je suis rentré des championnats du monde, j'ai pris Iris, je l'ai posée sur le tapis de perche dans le jardin, je lui ai mis ma médaille autour du cou et j'ai fait une belle photo.

Gabin, lui, c'étaient les championnats de France en salle 2022 à Miramas, à côté de Marseille encore. J'ai fait deux allers-retours, départ la veille au soir avec retour immédiat en pleine nuit pour une fausse alerte, et le jour de la compétition. Quand j'arrive à la salle, Anaïs m'avertit qu'elle part à la maternité mais me dit de faire ma compétition et qu'elle me tiendra au courant. Je ne vous cache pas que j'ai fait un échauffement moyen. Déjà que cet hiver-là était moyen, les circonstances n'aidaient pas. Pendant la finale, je m'attendais entre chaque saut à ce que Philippe m'annonce qu'elle avait accouché. Je finis la compète, très moyennement (6e), j'appelle Anaïs et elle me dit qu'elle est rentrée à la maison, fausse alerte. Je rentre dans la foulée, elle perd les eaux, on fonce à la maternité et Gabin est né avant 4 heures du matin. Deux championnats, deux résultats très différents, mais deux enfants.

Évidemment, les enfants, ça fatigue. Mais vous pouvez rechercher, je n'ai jamais mis un mauvais résultat sur le compte de mes enfants et je ne le ferai jamais. Quand j'ai eu Iris, j'avais trente et un ans et déjà deux cycles olympiques bien garnis, c'était donc un choix de vie très assumé. Anaïs a en plus fait le maximum pour me décharger. Aucun des pépins que j'ai eus ces dernières années n'a été en lien avec ma vie familiale. Les enfants coûtent un peu de jus, modifient votre récupération, dont on connaît l'importance, mais ils vous remettent toujours les pieds sur terre à une telle vitesse qu'ils vous apportent aussi du recul et une forme de sérénité. Au début, avec Iris, quand je rentrais d'une compétition, elle ne savait rien de ce que j'avais vécu et elle s'en moquait bien, elle était juste contente que papa rentre et elle sautait dans mes bras pour un câlin. Et ça, ça n'a pas de prix. Il y a autre chose que le sport, que la perche. Et pour l'équilibre, il n'y a pas mieux. Ensuite, en grandissant, ça donne lieu à des partages incroyables. Quand je saute 6,06 m en 2021 au All Star Perche, Iris est là et vient courir dans mes bras, elle n'a aucune notion de la performance mais elle sait que j'ai gagné et il n'y a rien de mieux. Elle peut me dire que je suis nul un jour où j'ai fait une super compétition, parce que je ne l'ai pas gagnée, ou me dire que j'ai été super un autre où j'ai été nul, parce qu'elle a vu que j'ai passé une barre. Ce décalage, il est extraordinaire. C'est un peu à travers lui que je devrais revisiter toute ma carrière.

CHAPITRE 3

TURIN

Hiver 2009, éclosion, progression,
Euro en salle, première en or

Avoir échoué de quelques centimètres à me qualifier pour les Jeux Olympiques 2008 a engendré de la frustration. Cette année-là, les minima étaient fixés à 5,75 m. J'avais passé 5,70 m l'hiver et j'ai enchaîné sept concours entre 5,60 m et 5,65 m à partir de juin. À chaque fois, je tentais ensuite directement 5,75 m, les ratant parfois de peu. En fait, j'aurais dû assurer une barre intermédiaire. Car la veille des championnats de France, on m'a dit que 5,71 m suffiraient à me repêcher à trois par pays. C'est con. Lors de ces championnats, à Albi, j'ai fini deuxième avec 5,65 m… Avec le système actuel de qualification voulu par World Athletics qui privilégie la régularité plutôt que la performance de pointe, j'aurais fait partie du top 25 mondial et je serais allé aux JO de Pékin. Au lieu de ça, mon année s'est arrêtée le 2 août. Mais c'était un mal pour un bien. Cette expérience manquée ne m'a pas porté préjudice puisque je gagnerai le titre olympique dès ma première participation. Et dès décembre 2008, à Aulnay-sous-Bois, tout s'est mis en place. J'ai pris des perches à peine plus grosses et j'ai effacé 5,81 m. C'était en fait dans la continuité, car quand vous empilez des barres à 5,60 m ou 5,65 m, vous valez mieux que 5,70 m.

Dans le monde de la perche, on estime que 5,80 m, c'est l'entrée dans le haut niveau. Ce n'est évidemment pas une règle écrite, ni même orale en fait, mais c'est communément admis par tout le milieu de la perche internationale. Je pense que ça tient à pas mal de raisons. Ce qui est un bon repère, c'est que ça a longtemps été le record du monde Juniors, depuis Maksim Tarasov dans les années 1980… jusqu'à ce que débarque Duplantis, trente ans plus tard, bien sûr. Mais Mondo est à part, un phénomène de précocité. Après, bien sûr, 5,80 m, ça marque un changement de décimale. Ce n'est pas très scientifique mais c'est commode et cela donne une grille de lecture assez efficace. À 5,50 m, vous êtes considéré comme un bon perchiste. À 5,70 m, vous pouvez vous qualifier pour des compétitions internationales. À 5,80 m, vous êtes dans le top 10 ou le top 15 mondial chaque année. Ensuite, à 5,90 m, ce n'est plus le même sport, c'est le podium assuré plus de neuf fois sur dix. Quant aux 6 m, c'est l'exceptionnel. Ce qui est intéressant, c'est qu'il y a une forme de constance dans cette échelle depuis des décennies.

En tout cas, preuve pour moi que 5,80 m, c'était du haut niveau, cette barre m'a permis, trois mois après Aulnay, de devenir champion d'Europe en salle à Turin. À Aulnay, j'ai passé un cap qui m'a permis de changer de dimension ensuite. Tous les points techniques qui m'échappaient l'été d'avant se sont emboîtés lors de ce concours et j'ai battu plusieurs fois mon record pour lui mettre 11 cm d'un coup. J'ai même raté 5,86 m de peu. J'étais comme un gamin. C'était facile, hop, hop, hop ! La première pierre qui m'a permis d'en empiler d'autres très vite dessus. À commencer par le meeting de Moscou, qui a longtemps été un grand classique de la saison hivernale et où je ne serais pas allé sans cette performance. Or, à Moscou, le 1er février, je gagne en égalant mon score dans une compétition cette fois-ci relevée, de prestige, pour la première fois de ma vie. Je sais que là-bas, beaucoup se sont demandé : « C'est qui, ce gars ? Il sort d'où ? Comment il fait pour passer 5,80 m en étant tout gringalet ? » Je voyais leurs regards intrigués dans la zone coach. Notamment celui de l'ancienne star Rodion Gataullin, devenu entraîneur. Les perchistes russes n'étaient alors plus aussi dominants qu'ils l'avaient été dans le passé mais ils comptaient encore sur la scène internationale. J'ai gagné ce jour-là contre des gros clients, Evgeny Lukyanenko, vice-champion olympique, Romain Mesnil, vice-champion du monde, Pavel Gerasimov, Raphael Holzdeppe et plein de gars qui me battaient un an plus tôt. Ça m'a permis de montrer que j'étais capable de rééditer les performances et de gagner à l'extérieur. Ce n'était plus : « OK, il a passé 5,80 m sur une piste surélevée à Aulnay-sous-Bois, et après… ? » Là, chez les Russes, c'était : « OK, il les vaut ! » Je marquais des points vis-à-vis de moi et des autres. Je pouvais me projeter à un mois de l'Euro indoor. Mais le changement de statut effectif, c'est à Turin qu'il s'est opéré.

* * *

Dans le fond, personne ne m'a vraiment vu venir. Il n'y a jamais eu un destin de tracé pour moi. Quand j'étais jeune, je n'étais pas bon, mais je n'ai jamais fait ce sport parce que je voulais y être bon. Quand vous vous inventez un sautoir à la maison avec des machins pour vous jouer seul les Jeux olympiques, ce n'est pas pour la gloire. Quand, dans les Landes, je ne faisais plus d'athlé en club mais que je continuais de me fabriquer des perches avec des branches d'arbres, ce n'était qu'un jeu d'enfant. Quand on a récupéré un vieux tapis de hauteur pour sauter dans le hangar et que j'ai mis des vis tous les cinq centimètres pour me faire mes montées de barre, je ne l'ai jamais vu comme de l'entraînement mais comme du pur loisir. Quand on sait ça, on comprend beaucoup de choses. Je n'étais pas bon, jeune, pour une multitude de raisons. Parce que j'ai eu une croissance tardive. Parce que j'étais loin d'avoir des infrastructures idéales. Parce que mon père et mon grand-père étaient des autodidactes et non des entraîneurs formés. Parce qu'il n'y avait pas Youtube pour accéder à toutes les infos et les vidéos dont on dispose aujourd'hui...

Malgré tout, je n'ai jamais cessé de progresser entre 2001 et 2009. Tous les ans, je battais au moins une fois mon record. J'étais donc dans une dynamique positive. Les premières années, logiquement, on gagne vite beaucoup de centimètres. En Juniors, je finis ma première année à 4,60 m dans un club, Cognac, qui n'avait que dix perches. En gros, j'avais la perche souple, la bonne perche et la trop dure. Mais tu fais avec ce que tu as, tu ne te poses pas mille questions, tu te bouges et tu sautes. J'étais peut-être dans les vingt meilleurs de ma catégorie en France, pas plus. En Juniors 2e année, je fais 4,70 m. Mais j'ai intégré les haies en 2003 car on a compris, avec mon père, que la course était fondamentale, et les haies m'ont fait énormément progresser. En arrivant à Poitiers à la rentrée 2005, je dispose enfin d'une salle pour sauter l'hiver et je passe 5,05 m en janvier, puis 5,22 m l'été en Espoirs 1re année. Des caps de fou. La question de savoir si j'allais battre mon record se posait à chaque concours. En 2007, je gagne mon premier titre de champion de France Espoirs, avec 5,30 m, et j'obtiens l'été ma sélection pour l'Euro Espoirs à Debrecen. C'était la première fois que je partais à l'étranger, c'était même la première fois que je prenais l'avion. C'était ma première fois sous le maillot bleu, c'était la première fois que je touchais du doigt ce truc à part. Or, en refaisant 5,30 m pour finir dixième en finale, j'ai vu que j'avais cette capacité à être performant le jour J, à rééditer en championnat ma meilleure performance de la saison.

J'ai fini l'été 2007 à 5,45 m puis j'ai fait un bond à 5,70 m l'hiver suivant et il n'y a guère que pendant l'été 2008, celui de mon installation à Clermont, que je n'ai pas progressé. Il fallait que je digère ce qu'on essayait de mettre en place avec mon nouveau coach, Damien Inocencio. Ni lui, ni moi n'avions d'expérience à ce niveau-là. Donc, à l'hiver 2009, en regardant dans le rétro, il n'y avait rien d'étonnant à ce que je franchisse un nouveau palier. Ma marge de progression demeurait une inconnue car on n'avait pas encore tout exploré en neuf mois. Mais il n'y avait aucune certitude non plus. Je sautais un peu dans le vide. Je commençais juste à tenter des sauts avec des perches de 5,10 m de long. Sans succès d'abord, mais je savais que mon avenir, si j'en avais un, passerait par plus de levier pour aller plus haut. C'était un pari.

* * *

Après trois ans de cité U, j'ai dû faire un choix. On peut dire que, à l'été 2008, je survivais plus que je ne vivais de la perche. J'ai été clair avec moi-même, je me suis autorisé une année sabbatique au niveau des études en me disant que si j'avais mon diplôme à vingt-cinq ou à vingt-six ans, ça ne changerait rien à ma vie. En revanche, si j'avais une chance de réaliser quelque chose dans le sport, c'était maintenant et pas dans un an. Chaque victoire ne pouvait que me conforter dans mes choix et me donner raison. Et si ça devait être un échec, ce ne serait pas grave que tout s'arrête là. J'étais dans le sport-passion et non dans le sport-business et je cherchais en fait juste un moyen de continuer à faire autant de perche que je voulais, un peu comme si je cherchais à gagner du temps, à m'offrir du temps de perche. Mais comme j'étais un compétiteur dans l'âme, un truc qui n'est absolument pas lié au niveau intrinsèque des gens, je progressais. À l'époque, le rêve de ma vie, mon objectif absolu, c'était d'avoir une maison avec un sautoir dans mon jardin. Je le concrétiserai en 2012. Preuve de ma détermination.

Ce qui m'a toujours le plus fait enrager, ce sont les gens qui ne comprennent pas qu'on puisse faire du sport de haut niveau juste par plaisir. Durant cet hiver 2008 où j'émergeais, j'étais toujours confronté aux limites supposées liées à mon gabarit. Pour être franc, même si les choses ont un peu changé avec moi, ça reste encore très ancré dans les mœurs du saut à la perche. Mais je m'en moquais complètement de cette histoire de limites. M'entendre dire « Tu n'arriveras jamais à faire ceci ou cela » ne me touchait pas. Je n'étais pas là pour être riche ou célèbre mais pour sauter. Il n'y avait pas un coach qui me voyait champion d'Europe deux ans avant Turin, quand je faisais 5,50 m. Il n'y en avait pas un qui me voyait passer 6 m quand j'ai sauté 5,80 m cet hiver-là non plus. Et il n'y en avait toujours pas un qui me pensait capable de battre le record du monde quand j'ai fait 6 m. En fait, tous les coaches se sont trompés avec moi. Mais je ne peux pas leur en vouloir, c'était vraiment imprédictible.

Je crois que celui qui a le mieux perçu, jeune, que j'avais quand même du feeling avec la perche, c'est Thierry Vigneron. Lui aussi est d'abord un passionné et il sait qu'il ne faut jamais brider une passion. Je pense que nous sommes les deux perchistes français qui ont senti la perche comme aucun autre. Et le fait que l'on ait été tous les deux recordmen du monde n'est peut-être pas un hasard. Thierry et moi, on fait partie des rares à savoir être performants avec les moyens du jour presque quoi qu'il arrive. Car on prend la perche différemment, comme un jeu. On joue à sauter à la perche. Thierry s'amusait à passer une même barre avec plein de perches différentes. Moi, je pouvais multiplier des sauts sur des séances de deux heures. Pour beaucoup, c'est lunaire. Beaucoup sautent au détriment du naturel. Les Soviétiques, qui ont sans doute été ceux qui ont le plus développé une approche très carrée, presque robotisée, étaient l'antithèse du naturel. Mais franchement, si c'est pour enlever son fun et son côté ludique à la perche, autant arrêter de sauter tout de suite.

* * *

Quand bien même je n'aurais jamais eu les moyens de faire mieux que ces 5,80 m de l'hiver 2009 dans ma vie, j'avais la conviction que je pourrais les refaire cinq, dix ou trente fois, et que ce ne serait déjà pas si mal dans une carrière de perchiste. Avant d'aller à Turin, je pensais par exemple aux championnats du monde l'été suivant en me disant que 5,80 m pourraient me permettre d'être finaliste et de « jouer ». À Turin, je me présentais juste en outsider. On n'était pas cinquante à avoir sauté 5,80 m, certes, mais j'étais le moins expérimenté de tous. Et l'expérience compte quand un concours se tend. Sauf que le mien a été incroyable. Je suis devenu champion d'Europe sans avoir jamais manqué un essai ! Ni en qualifications, à 5,70 m quand même, ni en finale ! Je commence par 5,51 m au premier essai : cool, c'est parti. Puis 5,71 m au premier : la barre fait un truc improbable mais elle reste sur les taquets et là, mon championnat est déjà réussi. Puis 5,76 m au premier : un beau saut, celui-là, et voilà le podium qui prend forme. Je jouais toutes les barres à fond et on voyait après. À 5,81 m, j'effleure la barre, je me décale sur le côté, mais ça reste. J'ai gagné !

En même temps que le concours de perche, il y avait celui de la longueur. C'était en face, de l'autre côté de la piste. « Kaf » Gomis sautait et je suivais ce qu'il faisait entre deux barres. À un moment, je lui demande par signes comment ça se passe. Il me répond « quatrième » et me demande où j'en suis moi. Je lui fais signe « premier » avec le pouce. J'étais presque gêné. Franchement, j'aurais déjà trouvé formidable de finir troisième. Cet échange entre Kafétien et moi a beaucoup marqué Ghani Yalouz, dont c'était le premier championnat en tant que directeur technique national. Il a ensuite souvent parlé de cet état d'esprit là. Mais j'étais surtout dans un état de sidération et je me demandais si ce que je vivais était bien réel. Regarder ce qui se passait autour de moi m'y aidait. Et puis j'ai toujours aimé tout l'athlé. Je me souviens d'ailleurs que l'Allemand Sebastian Bayer était allé très loin (8,71 m) ce jour-là pour gagner la longueur. Une fois ma victoire acquise, on m'a refilé un drapeau bleu-blanc-rouge tout petit avec écrit « Allez les Bleus » dessus. Par la suite, j'avoue que j'ai toujours amené mon propre drapeau, au cas où…

C'était ma première *Marseillaise*. C'est toujours émouvant, je ne m'en suis jamais lassé. Le plus souvent, j'ai remarqué que ceux qui sont performants, autour de moi, l'ont été aussi chez les jeunes, au moins présents sur des podiums. Moi, c'était de l'or directement. De la pure magie. J'ai profité sans arrière-pensée. Pour tout dire, je ne me souviens plus exactement de la façon dont on a fêté ça. Ladji Doucouré avait aussi remporté le titre sur 60 m haies. Il était un peu le grand frère de l'équipe. Quoi qu'il se soit passé à Turin, ça n'a en tout cas rien eu à voir avec le bizutage que j'avais subi un an plus tôt à Valence, lors de ma première sélection A, aux Mondiaux indoor. Salim Sdiri m'avait mis un bon coup de tondeuse dans les cheveux et la soirée avait été, disons, un peu agitée...

* * *

À Turin, j'ai eu de la réussite, c'est vrai, mais ça se provoque. Ce jour-là, c'est très important, j'ai un truc qui s'est calé dans ma technique. Or j'avais encore pas mal de développements en réserve, quelques bonnes cartouches. Je n'étais encore que sur dix-huit foulées d'élan et on en ambitionnait vingt pour l'été. Je comptais bien réussir à passer sur mes perches de 5,10 m et ne plus me contenter de mes 5 m. Je ne comptais donc pas m'arrêter là. D'ailleurs, à peine mon concours gagné, j'ai tenté 5,91 m avec cette fameuse perche de 5,10 m. J'étais déjà dans le coup d'après. Je ne me suis jamais arrêté sur un saut victorieux pour un titre, même olympique, ni même sur un record, de France ou du monde. Pour moi, le saut à la perche, c'est forcément repousser ses limites. Si vous êtes dans unc période de progression, il faut en profiter. À Turin, comme partout après, je considérais que l'opportunité était trop belle. Même si c'est la plus belle compète de ta vie, il faut en profiter. Je le referai à Londres après avoir gagné le titre olympique et même à Donetsk après mon record du monde !

Sauter seul après un titre, sans pression, dans une salle ou un stade rien que pour vous, ça n'a pas de prix. Tous vos adversaires sont alors obligés de vous regarder, ça en remet une petite couche. Mais j'ai surtout « kiffé ma life » à disposer de stades pleins qui se concentrent sur vos tentatives et vous portent. Et si ça ne passe pas, comme à Turin, ça vous donne des infos pour le coup d'après. Là-dessus, comme sur tout le reste d'ailleurs, j'ai été incompris pendant ma carrière car les gens n'ont pas la même vision que moi, les mêmes motivations, la même passion. Pour eux, la logique voudrait qu'on s'arrête sur un succès pour en profiter. Mais pour moi, profiter, c'est continuer à sauter. C'est en fait assez normal de ne pas comprendre les ressorts et les méthodes d'un champion. Il est toujours unique dans son raisonnement. Lors d'un stage à Tignes, début 2023, je parlais avec Kevin Mayer de Kobe Bryant. Kevin me disait que Kobe pouvait jouer au basket pendant huit heures dans la journée, commencer avant tous les autres et finir après. Il est le plus fort parce qu'il s'en est donné les moyens, il pousse tout à bout.

Mais à l'hiver 2009, on ne me connaissait pas, on ne faisait que me découvrir. C'était ma première année à Clermont et je n'étais d'ailleurs même pas encore pro. Je suis retourné en cours après Turin. J'avais juste signé un an plus tôt mon premier contrat avec Asics, pour deux ans, un contrat bonus, avec prime à la performance donc. Il me permettait d'avoir une base annuelle si j'atteignais 5,80 m. En le faisant dès décembre à Aulnay, ça m'avait fait franchir un premier pas économique. Mais ce qui changera la donne, c'est Leiria, au mois de juin suivant, mes premiers 6 m. Financièrement, mais surtout, d'abord et avant tout, sportivement. Il ne faut jamais se tromper sur l'ordre des choses. En tout cas, moi, je ne me suis pas trompé là-dessus.

CHAPITRE 4

LEIRIA

Coupe d'Europe, premiers 6 m,
record de France, explosion,
Mondiaux 2009, risques et peur…

Six mètres ! Quand on est sauteur à la perche, franchir 6 m, ça fait rêver. En matière de performance, dans notre univers, c'est la barre qui fait entrer dans une autre dimension. C'est un peu le graal du perchiste. Changer l'unité métrique en passant de 5 à 6, c'est évidemment très symbolique. Mais pas seulement. Un perchiste se souvient par exemple toujours de ses premiers 4 m. Pour moi, c'était en 2003 à Saint-Jean-d'Angély, en Charente-Maritime, à l'occasion de championnats départementaux. On n'oublie jamais non plus ses premiers 5 m, dans mon cas lors d'une compétition universitaire à Aubière, le 2 février 2006. Ce jour-là, j'avais même enchaîné avec 5,05 m, ce qui représentait 20 cm d'amélioration de mon record personnel dans un même concours, je n'ai jamais fait mieux dans le genre. Alors si vous êtes marqué à vie par vos premiers 4 m ou vos premiers 5 m, imaginez les premiers 6 m de votre vie ! Je les ai passés à Leiria, au Portugal, le 21 juin 2009, dans un stade avec des sièges de toutes les couleurs mais plutôt vide, lors de la Coupe d'Europe, une compétition par équipes à laquelle je participais pour la première fois. Un truc de fou !

On pourrait être tenté de comparer le perchiste qui saute à plus de 6 m avec le sprinter qui court le 100 m en moins de 10 secondes, parce qu'il y a derrière ça l'idée de casser une barrière mythique. Mais en fait, sauter à plus de 6 m est infiniment plus rare que courir le 100 m en moins de 10 secondes. Sergueï Bubka a été le premier à effacer cette barre. C'était le 13 juillet 1985 à Paris, au stade Jean-Bouin. À l'époque, il y avait une piste d'athlétisme à Jean-Bouin. Aujourd'hui, il n'y en a plus, il y a juste une plaque commémorative de l'exploit de Bubka et on y joue essentiellement au rugby.

En 2009, je n'étais que le dix-huitième perchiste de l'histoire à 6 m et aujourd'hui, près de quarante ans après la première de Bubka, on n'est encore que vingt-huit dans ce club plutôt fermé, preuve que ce n'est toujours pas si simple. Un peu comme être champion olympique en fait, puisqu'il n'y en a eu que vingt-neuf à la perche depuis 1896. Au jeu des comparaisons, il faut savoir qu'il y a plus de cent quatre-vingts mecs qui ont fait moins de 10 secondes au 100 m. En matière de rareté, je pense qu'il faudrait donc plutôt comparer les 6 m à la perche avec les 8,50 m en longueur, ou les moins de 13 secondes sur 110 m haies, ou les moins de 44 secondes au 400 m... Mais pour ce qui est du 100 m, les 6 m équivaudraient plutôt à 9 s 85, ce qui est évidemment moins rond et donc moins mythique. Ou alors, si vous voulez inverser, vous pouvez considérer que moins de 10 secondes au 100 m, c'est un peu comme 5,80 m à la perche.

* * *

Mes 6 m à Leiria, ou mes 6,01 m pour être exact, j'y reviendrai, ont étonné beaucoup de monde et je peux comprendre que cela semble incroyable pour un perchiste qui plafonnait à 5,70 m l'année d'avant. Mais cette performance venait en fait dans la continuité de mon titre européen en salle à Turin, où j'avais déjà gagné 10 cm par rapport à 2008 au bout d'un hiver où j'avais été régulier à 5,80 m. J'ai déjà dit que, avant Turin, je prévoyais de passer sur des perches plus longues, des 5,10 m. Je testais, je développais, j'essayais des choses. Je savais qu'en prenant ces perches-là, je pourrais prendre plus de levier et donc sauter plus haut. Mes tentatives avec elles ne sont pas passées pendant l'hiver mais j'avais prévu de les utiliser à Moscou, dix jours avant Leiria. Et puis j'ai changé d'idée quand j'ai sauté à Forbach à 5,80 m et raté d'un rien 5,90 m avec ma perche de 5 m. J'ai alors décidé de la garder pour Moscou. C'était une erreur, je me suis retrouvé dans une situation à la con en Russie, dans une compétition pourrie par manque de levier. J'aurais dû m'en tenir au plan de départ. Je n'avais initialement pas prévu de compétition entre Moscou et Leiria mais je me suis dit qu'il n'était pas possible d'aller là-bas en ayant fait 5,37 m alors que je valais tellement plus. Je rumine donc pendant une nuit et puis, avec mon coach Damien, on réalise qu'il y a les championnats régionaux à Aubière le dimanche. On décide alors que ça vaut la peine d'essayer si j'ai bien voyagé et que les conditions sont bonnes.

Sur le stade d'Aubière, qui se trouve juste à côté du Stadium couvert Jean-Pellez, la piste d'élan pour la perche est un peu trop courte. On anticipe donc le truc en installant un complément de piste en bois pour pouvoir sauter sur mon élan complet et, quand on voit que les conditions météo sont tout à fait correctes, je m'élance dès l'échauffement sur mes perches de 5,10 m. Et c'est parti ! Nickel à 5,45 m au premier essai, ça enquille à 5,60 m au premier et je me retrouve tout seul à 5,75 m au premier avec des sauts simples, faciles. Alors j'enchaîne : 5,85 m toujours au premier, nouveau record personnel ! Comme ça déroule, je ne me pose pas de question et je demande une barre à 5,96 m. Car 5,96 m, c'est une barre qui me ferait passer devant les 5,95 m de Romain Mesnil et me classerait alors deuxième Français de l'histoire derrière Jean Galfione.

Au saut à la perche, quand vous vous retrouvez seul dans un concours et que vous pouvez demander la barre que vous voulez, vous ne choisissez jamais au hasard. C'est soit pour battre votre record personnel, soit votre meilleure perf de la saison, soit la meilleure perf mondiale de la saison, soit le record du stade, soit celui du championnat, etc. En athlétisme, il n'existe que deux disciplines comme ça, les deux sauts verticaux, la hauteur et la perche, où vous savez à chaque instant précisément ce à quoi vous vous attaquez. On ne saute jamais dans l'absolu. En longueur, si vous valez 8,50 m et que votre course d'élan est calée, vous faites 8,50 m. Pas à la perche. Il y a un avantage à connaître l'enjeu de ce qu'on fait et choisir les moyens qui vont avec. Mais ça peut aussi devenir inhibant. On peut valoir 6 m par exemple sur le saut d'avant mais ne pas les passer quand on met effectivement la barre à 6 m parce qu'on se crispe un tout petit peu.

J'ai eu des compétitions, comme les championnats d'Europe à Barcelone l'année suivante, en 2010, où j'ai passé 5,85 m une valise au-dessus pour gagner le titre, où je volais, mais où j'ai raté 6,02 m d'un rien derrière. Et tu rentres alors chez toi frustré en te disant que tu aurais au moins pu valider un saut à 5,95 m. Mais on ne peut pas multiplier les sauts de 5 cm en 5 cm. Je pense qu'on est optimal entre le quatrième et le sixième saut d'un concours. Battre son record au-delà de ça est peu fréquent. Voire impossible à partir du huitième saut. À Donetsk, j'ai battu le record du monde à mon premier essai à 6,16 m, mon sixième saut du concours. Et je n'ai passé la barre d'avant qu'au troisième essai, tout aurait donc pu s'arrêter là alors que l'on sait avec le recul dans quelle forme j'étais. Le saut en longueur, c'est le rêve, de ce point de vue : tu envoies tout et basta ! Mais la magie de la perche se situe aussi là, dans la stratégie, les impasses, les *mano a mano* et la tension qui monte avec les barres. C'est pour ça que le concours de longueur de rêve reste celui des Mondiaux 1991 à Tokyo, parce qu'il y a le record du monde de Mike Powell, bien sûr, mais aussi parce qu'il y a ce *mano a mano* avec Carl Lewis jusqu'au bout.

Mais je reviens aux 5,96 m d'Aubière. Le saut part et, comme les précédents, passe. Évidemment avec moins de marge par rapport à la barre mais pour moi qui avais un record à 5,81 m, c'est quand même un gain de 15 cm en une seule compétition. Comme ma technique de saut nécessite d'importantes flexions de perche, le levier gagné avec ma perche de 5,10 m me donne alors un temps de suspension supplémentaire dans ma perche. D'une certaine manière, c'est devenu à partir de là ma marque de fabrique. Atteindre ce niveau à ce moment n'était bien sûr pas prévu. J'étais juste venu à Aubière pour me caler sur mes perches plus longues en vue de Leiria. Mais j'en ai quand même profité pour tenter 6,01 m et le troisième essai n'était pas si mal. Alors forcément, quand je suis arrivé au Portugal, j'étais dans l'obligation de confirmer. Parce qu'après Aubière, j'ai vite entendu dire que j'avais peut-être fait 5,96 m, mais que bon, c'était un peu dans mon jardin. Il y avait pas mal de sous-entendus, ce que je comprends d'ailleurs. Sauf que je savais ce que j'avais fait et je ne suis pas un tricheur.

* * *

À Leiria, j'ai pris la compétition dans le bon sens, avec encore tout à prouver et ne pas faire n'importe quoi. J'ai vu la veille à l'échauffement que j'étais bien, comme une semaine plus tôt. Le dimanche, pour la compétition, il n'y avait pas de vent et il faisait chaud, autour de 35 °C. Il y avait des contraintes inhabituelles néanmoins. C'était ma première Coupe d'Europe, une épreuve par nations où votre place rapporte des points à l'équipe et où vous ne jouez pas seulement pour vous. Ils avaient aussi mis en place une nouvelle règle tarabiscotée et ridicule avec seulement le droit à trois échecs sur l'ensemble du concours.

Je commence à 5,35 m pour être sûr de ne pas faire un zéro pointé, puis 5,55 m et 5,70 m toujours au premier essai mais, à 5,80 m, je ne passe qu'au troisième essai, sur un très beau saut d'ailleurs. L'Allemand Malte Mohr échoue à 5,85 m et j'ai concours gagné. Quand j'ai demandé 5,90 m, je sais que Rodion Gataullin, l'ancien champion russe devenu coach, a dit à Philippe d'Encausse, qui m'encadrait ce jour-là, qu'il ne comprenait pas pourquoi je ne m'attaquais pas directement à 6 m. Mais cela aurait représenté un gap de 20 cm par rapport à ma barre précédente. C'est beaucoup à cette hauteur. Je passe 5,90 m au premier essai puis je demande 6,01 m pour battre le record de France de Jean, dix ans plus tôt, quand il était devenu champion du monde en salle à Maebashi. J'échoue au premier essai et, à cause du règlement, je n'ai donc plus droit qu'à un saut. Mais quel saut, un saut remarquable !

Avec le recul, je me suis demandé si l'important, ce jour-là à Leiria, c'étaient les 6 m, les premiers de ma vie, ou plutôt le fait que ce soit un record de France. Évidemment, c'était le record qui comptait le plus ! Tout simplement parce que, sinon, j'aurais choisi une barre à 6 m et non à 6,01 m. Mais 6 m ne m'auraient permis que d'égaler le record de Jean. Or égaler, ce n'est pas trop mon truc. En réalité, c'est assez inhabituel pour un perchiste de ne pas tenter 6 m tout rond pour sa première. Ça n'arrive que lorsqu'il est pris dans un concours avec d'autres et qu'il ne peut pas choisir sa barre. Quand un perchiste qui sort de nulle part ou qui stagnait depuis trois ans à 5,70 m, gagne d'un coup 30 cm à ce niveau-là, tu te poses forcément des questions. Et pas forcément des questions réjouissantes. Dans mon cas, la progression a été ultrarapide, c'est vrai, mais régulière, c'est fondamental. Disons que c'est moins suspicieux. Mondo Duplantis connaîtra lui aussi un développement important soudain. Il a passé ses premiers 5 m en 2015 et ses premiers 6 m seulement trois ans plus tard lors des championnats d'Europe à Berlin, en 2018. Ce jour-là, il a même enchaîné avec 6,05 m. Un phénomène, j'en reparlerai. Mais il ne faut pas oublier que le saut à la perche permet des évolutions par palier. En changeant, maîtrisant et profitant des avantages d'une perche plus dure et plus longue.

Ces premiers 6 m, le record de France, la meilleure performance mondiale alors que se profilaient des championnats du monde à Berlin... c'était beaucoup en même temps, beaucoup trop même. Comme un raz-de-marée pour moi à ce moment-là, le premier de ma carrière. Les sollicitations ont été énormes. Dans les sports pros, il y a quelqu'un chargé de faire tampon entre le champion et les médias. Moi, je suis rentré chez moi à Clermont et je me suis retrouvé tout seul. J'ai passé mon lundi au téléphone, j'étais incapable de trier les demandes, les journalistes se repassaient mon numéro, débarquaient en ville. Le soir, j'ai fait un premier direct, sur RTL je crois, avec Sergueï Bubka en ligne depuis je ne sais où. C'était ma première discussion avec lui, ça m'a beaucoup marqué, il était extrêmement bienveillant. Je suis passé médiatiquement de pas grand-chose, pour ne pas dire rien parce que mon titre européen en salle en mars ressemblait plutôt à une tempête dans un verre d'eau, à des shootings photos pour *L'Équipe Magazine* et d'autres. Mon coach Damien n'avait pas non plus l'expérience de ça. N'oubliez pas qu'aujourd'hui les conversations via Internet sont plus évidentes qu'elles ne l'étaient à l'époque. Mais si cette histoire a clairement changé ma vie, elle ne m'a pas changé, moi.

Les compétitions qui ont suivi, sur la route de Berlin, ont été dures. J'ai fait 5,60 m à Sotteville, où j'ai raté 5,80 m, puis sauté à 5,70 m à Lausanne dans des conditions mouillées, à 5,82 m à Reims où j'ai quand même battu le champion olympique Steve Hooker, à 5,70 m à Paris, où tout le monde avait été nul et où j'ai gagné, puis j'ai perdu aux championnats de France à Angers contre Romain, passant 5,55 m et ratant 5,70 m. J'ai très mal sauté ce jour-là, à l'envers. Il ne restait plus que Monaco avant les Mondiaux et j'ai passé 5,88 m, une très bonne perf. Car j'avais bien dit, à Leiria, que je ne referais pas 6 m à tous les coups. J'étais lucide et honnête.

* * *

Le manque de régularité de mes performances en 2009 s'explique beaucoup par mon manque de maîtrise de la technique qu'on mettait en place. Avec des perches plus dures et plus longues, il fallait trouver le moyen de me projeter haut mais en avançant, c'est-à-dire en déplaçant la perche vers l'avant, pour franchir la barre et non pas retomber dessus. Je manquais encore de puissance. C'était encore un peu aléatoire. C'était nouveau, je n'allais pas tout révolutionner en trois mois. On verra la différence entre 2009 et 2010, quand j'aurai de la maîtrise. En 2009, ça partait un peu dans tous les sens. Mais je ne me posais pas de questions. J'ai vu que ça marchait. D'autres tiquaient un peu.

Certains puristes me disaient notamment que je ne mettais plus de genou. En gros, à l'impulsion, quand tu plantes ta perche pied gauche tendu, on t'apprend à fixer ce genou vers l'avant comme s'il continuait de monter. Moi, je n'étais pas assez solide pour le monter et le fixer. Donc je tombais ce genou, mais mon bassin, lui, ne tombait pas et continuait de monter. Notez que Duplantis ne met pas ce genou alors que Bubka l'avait. Cela veut dire qu'il faut faire avec ses moyens et ne pas s'enfermer dans des schémas techniques.

Je me suis toujours inspiré de ce qui se faisait mais en picorant, pas avec un format. À partir de mes 6 m, je sais que le monde de la perche a accepté certains changements. Des coaches m'ont dit qu'ils avaient alors changé d'horizon. Les codes et les idées préconçues étaient cassés. Il n'y avait plus besoin d'être une machine de guerre physique, mesurer 1,85 m et peser 85 kg, pour aller haut. Mais si tu n'as pas ça, que tu ne fais, comme moi, que 1,76 m pour 69 kg, il faut compenser avec ta tête, avec de l'engagement, de la vitesse de course et du feeling de la perche. Certains pouvaient avoir peur en me voyant sauter en 2009 mais j'avais déjà une sensation assez fine, qui me permettait de rattraper les sauts mal embarqués, et il y en avait encore pas mal. Mais pour passer de 5,80 m à 6 m, il a fallu oser bouger le curseur.

Le saut à la perche, c'est pour moitié la course d'élan, du premier appui au décollage, puis pour un quart le décollage en lui-même, moment de transition de l'énergie horizontale de la course en énergie verticale qui nécessite de l'engagement avec de bonnes intentions. Le restant, c'est être capable d'identifier si le saut part bien, auquel cas on l'accompagne, on se met bien dans la perche et on monte au maximum, sinon on essaie de rattraper le saut. Au-dessus de la barre, en réalité, il ne se passe rien. Le franchissement de la barre est un aspect extrêmement résiduel du saut, qui se passe vraiment en bas. Pour rattraper un saut mal parti, vous n'avez en gros que trois options. Un, l'avorter, il n'y a parfois pas le choix et on se met alors en sécurité ; deux, faire partir le saut comme si de rien n'était, si la perche n'avance pas, tu retombes dessus, c'est l'échec assuré quand même ; trois, c'est rare et pas gagné, tu durcis le bras gauche, tu attends un peu plus dans le renversé, bref tu rallonges ou raccourcis des temps pour t'adapter. Il m'est arrivé des tas de fois de récupérer des sauts comme ça. Tu perds alors en fluidité, le saut est moins beau mais il n'y a pas de note esthétique à la perche. Ce feeling pour rattraper, ce n'est pas naturel, c'est plus de l'instinct, tout le monde ne l'a pas.

* * *

À Berlin, je suis arrivé avec la meilleure perf mondiale de l'été mais sans aucune expérience. Vous allez me dire que c'était aussi le cas à Turin et que j'avais gagné. Mais les Mondiaux, c'est autre chose, il y a tous les meilleurs pour leur objectif de l'année, dont Steve Hooker. Je suis alors dans une situation hybride de l'apprentissage quand tout le monde me fait comprendre, après l'exploit de Leiria, que je n'ai pas le droit de me rater. Sauf qu'en saut à la perche, il y a plus de paramètres à gérer que sur un 100 m. De fait, c'est un concours où j'ai été en difficulté, où j'ai galéré et où j'aurais pu ne rien gagner du tout. Donc la médaille, même en bronze, est honnêtement une grosse satisfaction. J'ai joué le titre jusqu'au bout et il ne m'a pas manqué grand-chose sur mon premier saut à 5,90 m. Mais mon monde aurait aussi pu s'écrouler à 5,75 m si la barre n'était pas miraculeusement restée au troisième essai. Ensuite, quand j'ai passé 5,80 m au premier essai et assuré le podium, j'avais finalement plus de pression que Romain et que Hooker.

Ce jour-là, Hooker a réussi un coup de poker qui a beaucoup marqué les gens parce qu'il a gagné le titre en deux sauts et une barre alors qu'il disait souffrir d'une déchirure aux adducteurs. Pour moi, sur le coup, c'est bien plus un coup d'intox qu'un coup de poker. Soit tu es vraiment blessé et tu ne peux rien faire, soit tu ne l'es pas vraiment. Sauter avec une déchirure, je l'ai fait, mais pas à ce niveau-là, ça me paraît gros. Je ne dis pas qu'il n'avait rien du tout sinon il n'aurait pas fait autant d'impasses. Mais il n'a pour moi pas un truc aussi grave que ce qu'on a dit. Après, c'est un magnifique chef-d'œuvre de l'intox. Ça s'est fait à nos dépens, Romain qui finit deuxième et moi troisième, mais c'est resté un concours totalement à part dans l'histoire, qui rappelle la magie de notre discipline, la perche, où rien n'est jamais gagné ou perdu d'avance. C'était bien.

Je me mets à la place de Hooker. T'es champion olympique l'année d'avant, tu te connais par cœur, tu sais ce que tu peux faire, ou pas, sur un saut, en serrant les dents. J'ai eu plutôt une bonne relation avec Steve le temps où l'on s'est côtoyés sur les sautoirs. Bonne mais limitée car je n'étais pas encore à l'aise en anglais. On n'a fait que deux saisons ensemble, jusqu'à la Coupe continentale à Split en 2010. Hooker avait un gros potentiel, il était allé très haut d'ailleurs, jusqu'à 6,06 m cet hiver 2009. Et puis, dans sa carrière, il a longtemps lutté contre un blocage psychologique. Le milieu en parlait pas mal mais moi très peu. Je n'ai jamais vraiment compris ce problème parce que je ne l'ai jamais senti venir pour moi. Quand un sauteur galère avec ça, cette fameuse peur du perchiste, qu'il n'est pas en confiance, ça se voit tout de suite. Ses préparatifs sont poussifs, pas fluides, et sur le saut, il force pour s'engager et n'y arrive souvent pas, refuse son saut, court sur le tapis. Ça m'est très rarement arrivé de refuser un saut. Mais on a beaucoup vu Hooker faire ça. Ça lui a probablement demandé un effort surhumain. Il s'était fait une frayeur, une fois, sur un saut. Mais c'est peut-être aussi l'héritage du passé, avec son coach russe, très carré. J'ai toujours dit que quand tu retires à la perche les quelques aspects très sympas qui font son charme, ça complique la tâche.

* * *

Il faut un grain pour sauter à la perche, bien sûr. C'est une discipline à part où il y a des questions qu'il ne faut pas se poser, du moins pas lors de l'exécution. Il faut être capable de débrancher le cerveau par moments. Être très terre à terre, cartésien, mais aussi, quand c'est nécessaire, s'en remettre au feeling, ce qui n'est pas donné à tous. C'est un peu comme la grande vitesse sur des skis ou dans les sports mécaniques. Il y a une part de mise en danger qu'il faut accepter. Mais les accidents graves sont extrêmement rares au saut à la perche. Bien plus rares qu'en descente à ski ou sur les circuits de sports auto et moto. Contrairement à l'imaginaire des gens, le plus gros danger n'est pas que la perche casse, d'ailleurs. Cela a dû m'arriver huit fois en peut-être cinq mille sauts et je me suis juste cassé une fois la main à cause de l'onde de choc dans la perche. Quand la perche casse, par définition, c'est qu'elle est en pleine flexion. Dans ces cas-là, avec votre vitesse d'élan horizontale et l'inertie de votre corps, vous êtes déjà propulsé vers le tapis et vous retomberez dessus. Un peu en vrac, mais dessus.

Le retour piste, en revanche, est plus dangereux. Le retour piste, c'est quand vous ne dépassez pas la verticale de votre perche et qu'elle vous renvoie d'où vous venez. Pour moi, c'est Donetsk, quand je tente 6,21 m après mon record du monde, ou Tokyo lors de l'échauffement des JO, deux fois où je me blesse vraiment. Ce qui effraie les gens, c'est la possibilité du coup du lapin, en retombant sur la nuque. Ils pensent à ça parce que, en sautant, il y a ce moment où l'on a la tête en bas. Alors oui, c'est toujours possible mais extrêmement rare.

On n'est pas tous égaux face à un saut qui part mal. Il faut analyser en un laps de temps très court là où on est, en 3D, pour savoir si c'est *safe*, si on retombera sur le matelas, et si ce n'est pas bon, si on est au-dessus du butoir, il ne faut surtout pas lâcher la perche, c'est la règle de base du débutant. Tant que vous êtes pendu à votre perche, vous analysez et vous vous réorientez pour tomber sur le tapis. Si vous êtes décalé, il faut au contraire vite lâcher la perche avant qu'elle ne vous envoie à côté. Globalement, il faut rester en corrélation entre ce qu'on est capable de faire intrinsèquement et ce que l'on tente. Ne pas tenter le diable. Mais plus vous accumulez de sauts, plus vous maîtrisez ce que vous faites et moins il y a de danger.

La perche est plus sûre aujourd'hui qu'elle ne l'était, ne serait-ce que dans les années 1980. Les tapis sont plus grands, ils forment des avancées autour du butoir. Après, le danger est inhérent à la discipline car on est forcément tête en bas, pieds en l'air, accroché à un bout de fibre et il peut toujours se passer quelque chose. Mais on apprend, on vit et on grandit avec, par palier, d'abord à 1,15 m du sol. C'est comme à moto, on ne commence pas directement à 200 km/h sur un circuit. C'est donc à l'athlète d'anticiper un saut mal engagé pour ne pas partir hors du tapis. Il y a une énorme dimension psychologique. On est fait pour ça, ou pas. Si on aime, qu'on a ce goût, on va s'engager naturellement, sans se poser de question. Mais pour quelqu'un qui ne l'a pas, son cerveau va se poser beaucoup de questions, trop de questions. Et ça va générer des blocages. Si la peur s'instaure, il est impossible de sauter.

Un très bon perchiste va forcément être un peu téméraire car l'engagement maximal dans ce qu'on tente est forcément une prise de risque. C'est très exigeant mentalement. Des perchistes arrêtent quand ils trouvent que ça devient trop dur pour eux. Pour progresser, il faut toujours plus d'engagement et ils ne peuvent plus. Ils ne peuvent plus augmenter le levier, prendre une perche plus grosse. Je me suis fait des frayeurs mais ça ne m'a jamais refroidi. Le seul truc qui m'empêchera de continuer de sauter, ce sera un physique qui ne me le permettra plus. Mentalement, il n'y aura jamais de problème.

Bref, on peut pratiquer la perche de deux manières : très *safe* ou très engagée. En moto, si on ne bouge pas le cul de sa selle et qu'on ne monte pas les vitesses, c'est très *safe*. Mais si tu veux avoir des vraies sensations, tu te mets dedans, tu poses le genou par terre dans les virages et ta pratique change de nature, devient compétitrice. Pareil à la perche. Sur un élan tranquille et avec une perche facile, pas trop longue ni trop dure, tu ne repousseras pas tes limites et tu n'iras donc jamais très haut. Repousser ses limites dans notre sport, c'est forcément accepter par principe une mise en danger. C'est ce que j'ai fait en 2009. Sinon, je serais resté à 5,80 m voire beaucoup moins. Mettre deux foulées de plus sur ma course d'élan pour arriver dans le butoir encore plus vite, prendre des perches 10 cm plus grandes et encore plus dures, c'était une prise de risque. Mais elle me correspondait. Et elle a payé.

CHAPITRE 5

LONDRES

Or olympique, cheminement,
Mondiaux de Daegu et Euro d'Helsinki,
équipe de France, leader…

Vous vous doutez bien que mon titre olympique à Londres demeurera à jamais tout en haut de la liste des souvenirs de ma carrière de perchiste et aussi très probablement de ma vie d'homme. Parce que mes vies d'homme et de perchiste sont indissociables, parce qu'elles l'ont toujours été, bien avant que je ne rêve d'or olympique, et parce que je pense qu'elles le resteront longtemps après que mon nom aura disparu des *start-lists* des compétitions internationales ou nationales, quand je ne sauterai plus que pour moi, dans mon jardin, les jours de beau temps. Et je suis certain que je me souviendrai alors toujours aussi clairement de ce 10 août 2012. Ce soir-là, l'Olympic Stadium était en fusion. Il y avait quatre-vingt mille spectateurs bouillants au moment de mon saut victorieux à 5,97 m parce que les Britanniques jouaient alors une médaille en finale du relais 4 × 400 m. J'étais dos au mur, c'était mon dernier essai, j'en ai profité, c'était comme si cette ambiance électrique était tout entière pour moi, comme si j'étais le centre du monde, le cœur des Jeux. C'était magique, c'est ce que tout le monde a vu. Mais il faut que je raconte ce qu'il y avait derrière.

Pour comprendre dans quel état d'esprit je me suis présenté à Londres, il faut revenir sur quelques étapes importantes qui ont précédé : la déception aux Mondiaux de Daegu en 2011, l'année d'avant, puis ma blessure à la main à l'hiver 2012 et enfin mon début d'été avant les JO. J'ai toujours tendance à croire très fort en moi quand j'arrive à un grand championnat. Mais à Daegu, c'était particulier, encore plus ancré. Par rapport aux Mondiaux 2009 à Berlin, ma technique s'était stabilisée, j'arrivais cette fois en favori pour le titre. J'avais battu mon record de France pendant l'hiver en passant 6,03 m pour gagner le titre européen en salle à Bercy, la première fois que je repassais 6 m depuis Leiria. Et même si je n'avais pas trouvé de super conditions pour valider ma forme au début de l'été, il avait été bon.

En Corée du Sud, je passe donc tout au premier essai jusqu'à 5,85 m. Mais à 5,90 m, je précipite mon saut avec une perche trop souple. Le plus logique était de changer de perche pour en prendre une plus dure. Mais je ne l'avais pas utilisée de l'été. En gardant les mêmes réglages que sur le premier essai avec une perche plus dure, je me retrouve à faire les mêmes deuxième et troisième essais, être 20 cm au-dessus de la barre mais manquer de profondeur et retomber sur la barre. La logique, en changeant de perche, aurait été d'avancer au moins de 5 cm les poteaux, mais on ne l'a pas fait. Ce jour-là, j'ai écouté Damien, mon coach, je n'avais pas le recul pour mettre mon ressenti en adéquation avec l'option. Quand vous voyez que vous êtes largement au-dessus, même s'il y a une médaille de bronze au bout, c'est encore plus frustrant. Je me suis alors dit que je ne referai plus jamais la même connerie. J'avais ça en tête à Londres.

Deuxième élément, en décembre, je casse une perche à l'entraînement et, avec l'onde de choc, je me casse le troisième métacarpe de la main gauche. Je me suis un peu inquiété, à huit mois des JO. Le chirurgien m'arrête cinq semaines. Mais à mon retour, je fais un hiver parfait et je gagne le titre mondial en salle à Istanbul, mon premier. De quoi faire grossir la confiance. Une confiance qui va encore gonfler avec l'Euro à Helsinki en juin. La météo n'y était pas terrible, il fallait anticiper les bourrasques, c'était très compliqué. J'y rate mon premier essai à 5,82 m, puis mon deuxième parce que je garde une perche trop souple alors que les conditions deviennent favorables. Et je me retrouve dos au mur pour le troisième. On était encore quatre en lice, je sautais en premier, je pouvais encore manquer le podium. Je sors alors deux perches en bout de piste pour choisir au dernier moment. Les conditions deviennent passables donc je garde la souple et je passe. On n'est plus que deux, avec l'Allemand Björn Otto. Je suis obligé de prendre une perche plus grosse pour aller plus haut. Et là, tout s'enchaîne, je passe 5,87 m au premier essai, 5,92 m au premier aussi et 5,97 m au premier encore. Un mois avant les JO, je ne pouvais pas rêver meilleur scénario parce que j'avais dû aller chercher ce titre.

* * *

Il faut que je fasse un aparté capital sur le vent pour comprendre la perche. On entend parfois : « Mais arrêtez, avec le vent, il est le même pour tous ! » Bah non ! Pas à la perche, pas plus qu'en longueur ou au triple saut d'ailleurs. Le vent est le même pour tous au départ d'une même course, mais il ne lui faut que quelques secondes pour qu'il change, en intensité ou en direction, et qu'il modifie totalement la donne entre des sauteurs. Un concours de perche dure plusieurs heures, donc imaginez le nombre d'ajustement que l'on peut avoir à faire. Cela fait partie du jeu mais ça peut être dur à encaisser quand il bascule à votre désavantage juste avant que vous sautiez ou qu'il redevient favorable juste après votre passage, au profit d'un adversaire, a fortiori si c'est un titre qui se joue.

Le vent est un élément instable qui, selon la configuration du stade et de la géographie, peut se révéler d'autant plus sensible. Il exerce une emprise sur vous pendant votre course d'élan et vous pouvez y laisser beaucoup d'énergie, surtout si vous avez un petit gabarit comme le mien. Ma caractéristique est d'être très réactif, en légèreté. Pour quelqu'un de puissant, l'emprise est moindre. Ça peut être frustrant. D'autant que, plus le concours avance et que la barre monte, et plus un saut se joue à peu de chose.

Une perche pèse environ 3 kg. Ce n'est pas énorme, mais comme elles mesurent autour de 5 m de long et que vous la tenez au bout, l'effet de levier, de portance, donne plutôt un ressenti de 15-20 kg. Courir avec un tel poids en main n'est, à la base, pas si simple, faites-en l'expérience si vous en avez l'occasion. Mais si vous y ajoutez la prise au vent, la perche peut vous emmener un peu partout, vous ne pouvez plus courir aussi vite, plus mettre autant d'énergie car vous la concentrez sur le fait de rester dans l'axe pour ne pas rater le butoir. L'idéal est évidemment d'avoir vent dans le dos, portant. À condition qu'il soit suffisamment régulier pour ne pas dérégler toutes vos marques de course. S'il est latéral, je préfère quand il vient de la gauche car je tiens ma perche à droite et je peux alors m'appuyer sur lui. S'il souffle dans l'autre sens, je dois compenser, contrebalancer jusqu'au bout en forçant, en poussant, c'est usant. Mais un vent de face est encore plus dur car vous n'avez alors pas l'impression d'avancer. On peut jouer avec le vent, comme je l'ai fait à Helsinki en cet été 2012, mais dans une certaine mesure seulement. Parfois, c'est lui qui gagne.

* * *

Entre Helsinki et les Jeux, un mois s'est écoulé. Un mois pendant lequel je n'ai pas été très bon. Mon dernier concours avant les Jeux, c'est même un zéro en Pologne, à Szczecin. Mais ce n'était qu'une péripétie qui ne m'inquiétait pas. Ma confiance accumulée était toujours aussi haute. Je me souviens que lors de ma dernière séance d'entraînement dans le stade d'échauffement de l'Olympic Stadium, le lendemain de mon arrivée à Londres, il y avait le coach de l'un de mes deux grands rivaux allemands, Raphael Holzdeppe ou Björn Otto, je ne sais plus lequel. Il avait insisté pour être là, parmi nous, en bord de piste, même pas dans les tribunes, et il me filmait. Ça ne me posait pas de problème. Pour plusieurs raisons. Tout d'abord, au saut à la perche, on ne saute pas tant contre les autres que contre soi-même. Ensuite, ce sont les Jeux, c'est quand même un état d'esprit. Enfin, même s'il ne s'agissait pas d'intox, je me sentais très fort et je ne me suis jamais privé de le montrer quand j'en ai eu l'occasion.

En qualification, je passe 5,60 m au deuxième essai puis 5,65 m alors que je n'y étais pas contraint pour me qualifier pour la finale. Romain Mesnil m'a dit : « Mais pourquoi tu sautes ? On n'est pas obligés ! » Mais je n'étais pas à un saut près alors que j'étais à un réglage près. La perche que j'ai alors utilisée, c'était celle avec laquelle je devais démarrer ma finale. Deux jours plus tard, le jour de la finale, il faisait grand beau sur Londres, le vent était faible, tout se présentait pour le mieux, j'étais prêt et je le savais. J'ai attaqué comme je me l'étais fixé, à 5,65 m, avec cette perche de 14.9 d'indice de dureté, puis 5,75 m avec la même, les deux fois au premier essai. Puis je passe 5,85 m, toujours au premier, avec ma 14.6, un peu plus dure. Et en trois sauts, j'étais déjà assuré du podium. Ça n'était déjà pas rien en soi, une médaille olympique pour mes premiers Jeux. Mais ma situation sur la scène de la perche mondiale n'était plus celle de Berlin où le bronze avait suffi à mon bonheur. Il ne restait plus avec moi que les deux Allemands, ceux-là mêmes que je venais de battre à Helsinki.

À 5,91 m, Holzdeppe bat à nouveau son record en passant à sa première tentative. C'était fort. Puis Otto passe à son tour et prend la tête du concours. Très fort. Moi, je refais la même erreur qu'à Daegu au premier essai, un saut où je prends tout en montant. Passer au deuxième ou au troisième n'aurait rien changé à mon classement et aurait pu me coûter de l'énergie. Alors je décide logiquement de faire l'impasse et de garder mes deux essais restants pour tenter 5,97 m. Holzdeppe et Otto ratent leur premier essai et moi je refais à peu près le même saut qu'à 5,91 m. Damien me dit alors de changer de perche mais, cette fois-ci, je ne l'écoute pas et je me fie à mes sensations. Je me suis dit que c'était une question d'intention, qu'il fallait juste que je m'applique mieux. C'est là que je me suis servi de l'ambiance incroyable de ces Jeux pour y parvenir.

La perche, ce n'est évidemment pas trop le truc du public britannique. La Grande-Bretagne n'a pas d'histoire avec cette discipline. Mais elle est dingue de sport et elle a une grande culture d'athlétisme. C'est l'un des publics les plus connaisseurs et les plus fans au monde. C'est lié à l'histoire de ce sport chez eux, au fait que ce sont les Britanniques qui l'ont réinventé et codifié aux XIXe siècle et qu'ils ont depuis toujours eu de très grands champions. En 2012, ils alignaient encore une très grande équipe, avec Jessica Ennis, Mo Farah… Lors de l'un des deux succès de Farah, je ne sais plus si c'était sur 5 000 m ou 10 000 m, l'onde sonore était telle dans le stade qu'elle a déformé la photo finish en faisant vibrer le poteau planté dans le sol, où était fixé l'appareil. L'Olympic Stadium a été construit spécialement pour ces Jeux et il fait un bruit comme peu d'autres stades au monde. Ça doit venir de sa conception. J'y suis retourné plusieurs fois ensuite, j'y ai toujours été performant, franchissant plusieurs fois 6 m, un peu comme si c'était mon stade fétiche, et l'ambiance y a toujours été puissante. Mais là, pour les Jeux, ça dépassait tout, je n'ai jamais vu ça ailleurs. Même quand vous êtes assis en tribune, vous sentez cette vibration. Si le Stade de France veut se fixer un objectif pour 2024, ça doit être de tenter d'égaler ça.

Alors quand la finale du 4 × 400 m est partie, c'était du délire, assourdissant, et je m'en suis servi sans chercher à savoir si c'était pour moi ou les relayeurs. Du début à la fin du relais, ç'a été plus de trois minutes de hurlements crescendo. J'ai senti cette énergie. Parfois, on attend la fin des courses pour sauter. Là, j'ai préféré m'en servir. C'était mon dernier essai, je me suis dit de tout donner sans me poser de question. J'étais en bout de piste, à 45 m du butoir, et je ne voyais que les juges, le tapis et mon clan dans les tribunes. C'est un peu comme un preneur d'images qui fait le focus dans un film, quand on passe du champ large au champ serré et que tout devient flou autour. Je suis parti et tout s'est emboîté à la perfection.

J'ai tout mis au décollage, appuyé sur ma perche très vite et très fort à l'impulsion pour raccourcir le temps et profiter au maximum de son renvoi avec le seul objectif de me mettre dans son tempo. Quand je revois ce saut, et je l'ai revu des centaines de fois, je l'avoue, l'exécution est excellente. Ce n'est jamais idéal mais là, ça n'en était pas loin. Je monte dans le tube de la perche qui se redéplie comme si j'étais dans un ascenseur et je me retrouve au-dessus de la barre, sans rien toucher. Après je laisse tout aller, je dégoupille, c'est l'explosion de joie. C'est beau, c'est bon. Après, fidèle à moi-même, j'ai profité d'avoir tout ce stade rien que pour moi pour tenter le record du monde. C'était ma façon à moi de kiffer l'euphorie d'un titre olympique. Pas vraiment avec l'espoir de passer mais avec l'idée de voir, en me disant que ça me servirait peut-être pour la suite. Et ça me servira...

* * *

J'ai déjà raconté comment j'avais échoué à me qualifier pour les JO précédents, à Pékin, en 2008. Ça aurait été l'occasion de découvrir l'ambiance. On dit que les sportifs se font parfois dévorer par cette ambiance à part des JO et que l'expérience emmagasinée compte. Bon, c'est peut-être vrai pour certains, mais le fait est que dans mon cas, je n'en ai pas vraiment eu besoin. Pourtant, j'ai découvert à Londres combien le contexte des Jeux olympiques est unique. Vous êtes encerclés par les anneaux olympiques, partout, dans toute la ville, vous avez un peu l'impression de vivre dans une bulle hors du temps, que le monde s'est arrêté de tourner pour les JO. Vous n'êtes qu'un petit rouage d'une énorme machine mais vous savez que vous êtes quand même un peu le centre du monde.

Vous logez aussi dans un village dans lequel on n'entre pas si facilement, où vous vous retrouvez avec des champions de tous les sports, dont des stars que vous n'avez jamais vues qu'à la télé. Les basketteurs, vous ne pouvez pas les rater. J'ai aussi un peu appris à connaître les handballeurs pendant ces Jeux.

En termes d'ambiance, ils sont clairement à part... Comme je l'ai dit en évoquant mon enfance, je n'ai jamais été très fan de sportifs. Mais j'ai beaucoup d'admiration pour certains. Je rêve par exemple de rencontrer Roger Federer et j'ai eu la chance absolue d'échanger avec des monstres comme Valentino Rossi ou Michael Jordan. Alors c'est très sympa de croiser au village olympique des champions venus d'autres univers, de discuter avec Tony Parker ou de faire un ping-pong avec Caroline Garcia ou Teddy Riner.

Étant donné la proximité de Londres et l'absence de décalage horaire, je suis arrivé tard sur place, à J-5 des qualifications de la perche, programmées le 8 août, deux jours avant la finale, quatre avant la fin des Jeux. La cérémonie d'ouverture, la bande-son pop rock, James Bond et la reine qui sautent en parachute sur le stade, le numéro de Rowan Atkinson, je l'ai donc regardée dans mon canapé, à Clermont, et j'ai commencé à prendre la mesure de l'événement alors que j'étais encore à la maison. Ce n'est peut-être pas plus mal, ça évite de se disperser. De toute façon, vous devez éviter de vous déplacer sur les autres sites olympiques avant d'avoir concouru vous-même. Quand vous attendez votre entrée en lice, vous regardez donc ce que font les autres sportifs français depuis le village, à la télé.

* * *

On arrivait en fin de JO et, pour l'athlétisme français, ça se présentait mal. Seul Mahiedine Mekhissi avait gagné une médaille sur 3 000 m steeple, mais pas en or. Mais pour moi, ça ne changeait rien. C'est un combat que j'ai souvent eu avec la Fédération, qui nous parle toujours de synergie, de spirale positive, mais je considère que mes résultats n'ont jamais dépendu de l'ambiance en équipe de France. J'ai connu tant de compétitions dans des climats tellement différents que ma constance prouve que cette histoire d'effet collectif n'a aucune incidence sur moi. J'ai souvent été un des rares Français à être médaillé dans les grands championnats au fil des ans. Lorsque j'ai gagné mes deux médailles olympiques, mes trois titres mondiaux en salle et mes cinq médailles mondiales en plein air, l'ensemble de l'équipe de France en remportait en moyenne trois ou quatre à chacun de ces championnats. Je n'ai pas besoin que d'autres gagnent pour être plus motivé. Faire comme les autres ne m'intéresse pas. J'ai besoin de faire comme je sais faire, comme j'ai envie de faire. Mais je pense que c'est exactement pareil pour Kevin Mayer ou Pascal Martinot-Lagarde, qui ont souvent été sur ces podiums internationaux.

Avant mon entrée en lice, à Londres, je ne suis allé qu'une fois au stade, pour voir le concours de perche féminin et m'imprégner des lieux, de leur configuration. Ce n'était donc pas vraiment en tant que supporter de l'équipe de France. De toute façon, en compétition, il pourrait y avoir toute la délégation française pour moi dans les tribunes que ça ne changerait rien. Lors de ma finale, je n'avais d'yeux que pour mon petit clan à moi dans les tribunes : Anaïs, mon frère Valentin et mon kiné et ami d'enfance, Dimitri Gratia. Mon père, lui, était du côté du coach et de certains membres de la délégation. Pour en avoir discuté avec d'autres, je vois que certains pensent que la dynamique d'une équipe de France soudée va jouer pour eux. Peut-être parce qu'on leur en a parlé d'ailleurs.

Je crois pour ma part que ça dépend de deux choses. Premièrement, ton niveau intrinsèque. Pour un athlète jouant la médaille d'or pendant plus de dix ans, de bons résultats autour de lui ne changeront pas son approche. Mais je peux comprendre qu'un athlète dont le niveau tourne plutôt entre la cinquième et la huitième place puisse se servir d'une bonne dynamique, en se disant « Pourquoi lui et pas moi ? » pour aller chercher la première médaille de sa carrière. Deuxièmement, il y a ta motivation intrinsèque, la raison pour laquelle tu fais ton sport. Moi, je ne le fais pas pour être entre potes dans une ambiance sympa. Si ça se produit, c'est juste du bonus. Mais je le fais parce que je kiffe le saut à la perche et parce que j'aime la compétition. Je n'y vais pas pour acheter du terrain mais pour essayer de la gagner. Et comme j'adore la perche, je peux perdre, tout en prenant du plaisir.

C'est affaire de personnalité et de comportement. En championnat, je ne prends pas de petit déj, donc je suis exempté de soupe à la grimace collective quand les choses ne se passent pas bien pour l'équipe. On n'est pas dans un sport collectif où l'équipe vit H24 ensemble. Les handballeurs savent avoir besoin d'une cohésion pour gagner. S'ils font les trucs chacun dans son coin, les résultats seront moins bons. Un athlète est finalement assez solo, ne croise jamais les mêmes personnes, à part ceux de sa discipline, dans mon cas les autres perchistes puisqu'on a le même calendrier. J'ai déjà dit que j'étais plus un loup solitaire qu'un loup de meute. Avec le temps, je dois reconnaître que j'ai un peu changé, j'en reparlerai. Mais il y a quelques années, si je voyais tout le monde en pleurs à la cantine, c'était plutôt : « Bah ! désolé pour toi », quitte à passer pour un connard, mais la vérité est que savoir se blinder fait partie de la compétition. Si tu n'es pas encore entré dans la tienne, il ne faut surtout pas passer des heures à aller voir tout le monde, culpabiliser et partager le cafard des autres. Ce n'est pas ton rôle d'athlète, il y a l'encadrement pour ça. Toi, tu as ta propre compétition, tu sais que tu y seras seul en piste au bout du compte. Et ce n'est sans doute pas dans un contexte olympique qu'il faut s'inventer un nouveau mode de fonctionnement.

Le DTN Ghani Yalouz insistait beaucoup sur l'aspect collectif mais, en athlétisme, l'émulation est plus complexe que ça. À la perche, tu peux apprendre beaucoup plus d'un mec qui saute à 5,50 m que de Duplantis. De Mondo, une fois que tu sais qu'il court très vite et qu'il est vraiment à part, tu ne tireras pas de grands enseignements. Mais de Stéphane Diaz, avec qui j'ai été dans le groupe de Georges Martin à Bordeaux, un gars qui passe 5,50 m alors qu'il court le 100 m en 12,50 s et qu'il saute 6 m en longueur, tu te doutes bien qu'il y a quelque chose à apprendre. En revanche, là où Ghani a raison, c'est que la dynamique collective peut faire la différence pour un certain nombre et permettre à l'équipe de passer de deux à quatre ou cinq médailles par exemple. Ce ne sont pas les meilleurs qui en bénéficient mais ceux qui sont juste en dessous et qui peuvent être aspirés par le haut.

Le rôle de locomotive, c'est intéressant. Il n'y a jamais eu de nomination d'un capitaine en équipe de France, à part en Coupe d'Europe car c'est la seule compétition qui se dispute réellement par équipes dans le sens où chaque place et chaque point comptent. Chez les Britanniques, ce rôle de capitaine est beaucoup plus institutionnalisé. Mais pas chez nous, ça doit être culturel… On a souvent dit de moi que j'étais la locomotive de l'équipe de par mes résultats mais je ne me suis jamais senti investi d'une mission de réussite envers le collectif pour autant. À part quelques fois en Coupe d'Europe donc. Après, je n'ai jamais été fermé à l'échange avec des athlètes.

S'ils venaient à moi dans un moment qui s'y prête. Et sur le tard, je suis allé plus vers les autres. Mais à Londres, je n'allais pas aller voir tout le monde pour leur demander comment ça allait et ce que je pouvais faire pour eux, il ne faut pas confondre avec le boulot du DTN non plus.

La dynamique positive est évidemment toujours un plus, même au sein d'une équipe d'athlé où elle n'est pas le gage de bons résultats. Si ça ne se passe pas bien pour toi, ton ressenti sera meilleur qu'au sein d'un groupe en souffrance. Un grand championnat est à la fois ingrat et inoubliable. Si sportivement ça se passe bien, l'humain suivra et si ça se passe mal, c'est mieux d'en garder humainement des bons souvenirs. La condition, c'est que l'athlète ne doit jamais perdre de vue qu'il sera tout seul sur la piste, que son pote ne l'aidera pas à performer. Il faut avoir à un moment cette réflexion individuelle et cette part d'égoïsme de se dire que ce n'est pas grave si ce que je fais ne plaît pas aux petits camarades, si ça m'aide à être bon. Je pense qu'il ne fallait pas parler du collectif à Usain Bolt. Hormis lors du relais, qui n'était que la cerise sur le gâteau pour lui, les résultats des autres membres de l'équipe jamaïquaine n'influaient pas sur les siens. Quand ils étaient ses principaux rivaux pour le titre, je ne suis pas sûr qu'il leur souhaitait le meilleur et donc sa propre défaite. Que vous soyez jamaïquain, américain ou français, perdre contre un compatriote ne rend pas la défaite plus agréable. Sauf, peut-être, si c'est le meilleur pote de votre vie.

Depuis ma première sélection en 2008, j'ai traversé un certain nombre de générations. Je suis arrivé avec celle de Leslie Djhone, Ladji Doucouré, qui étaient un peu comme des grands frères. J'ai fait la transition et pas mal sont passés depuis. Peu ont été sur presque tous les championnats, comme Mélina Robert-Michon, Pascal Martinot-Lagarde ou Kevin Mayer. Parmi tous ces athlètes, il y en a pas mal avec lesquels je me suis très bien entendu. Mais je ne suis pas sûr de pouvoir dire pour autant que je n'ai jamais eu de vrai pote en équipe de France, quelqu'un avec qui j'aurais toujours partagé ma chambre par exemple. Peut-être que d'avoir fait ma carrière à Clermont, loin de l'INSEP, a joué. Aujourd'hui, je suis vraiment proche de Thibaut Collet, avec qui je m'entraîne. Mais ce n'est plus la même époque, le même stade de ma carrière non plus.

Aux JO, les gens avec qui tu passes le plus de temps sont ceux avec qui tu partages ton appartement, cinq ou six personnes en tout et non les cinquante athlètes de la sélection. Ta journée est vite passée, très rythmée entre réveil musculaire, repas, soins, entraînements… Chacun avec son agenda. Dans l'appart du village olympique de Londres, j'étais avec Christophe Lemaitre, Pierre-Ambroise Bosse, Dimitri Bascou… Une vraie chance, car ce ne sont pas des personnes du genre à déprimer quand elles passent au travers.

Mais de toute façon, j'étais focus sur ce que j'avais à faire. C'est ça, la base de tout, aux Jeux, où il est si facile de se perdre un peu. Je ne prétends pas que ma façon d'être et de faire soit la meilleure, mais elle l'était pour moi. Si je ne devais avoir qu'un conseil, c'est de dire à chaque athlète français présent aux Jeux de Paris de faire ce qui marche pour lui sans s'inventer une vie, un rôle ou se raconter d'histoire.

* * *

À Londres, après mon titre, les deux jours qui ont suivi, les deux derniers des JO, ont été un bonheur immense. Il y a eu le podium le lendemain, la médaille d'or remise par Sergueï Bubka, *La Marseillaise*, les larmes, l'épuisement, l'absence de sommeil, un tourbillon médiatique… Mais la particularité des Jeux veut qu'une médaille d'or succède à une autre, dans un autre sport. J'ai dit au début qu'on ne peut pas se rendre sur les sites de compétition avant d'en avoir fini avec la sienne. La seule à laquelle j'ai pu assister, c'était donc le dernier jour, la finale du hand gagnée par les Français, que je suis allé voir avec Christophe Lemaitre. J'ai ensuite compris de quoi les handballeurs sont capables quand ils font la fête en meute, ça crée de sacrés liens. Mémorable. Les médailles ne se partagent décidément pas de la même manière dans les sports individuels, comme l'athlé, et dans les sports co. Pendant deux jours, j'ai croisé d'autres champions, notamment chez mon équipementier. Je raconte ça parce que j'y ai compris quelque chose. C'est assez intéressant de lire dans le regard des autres ce qu'ils peuvent penser de votre performance. Là, je crois pouvoir dire que j'ai un peu mieux vu dans leurs yeux la portée de ce que j'avais réalisé.

CHAPITRE 6

JEAN ET PHILIPPE

Jean Galfione, prédécesseur, passation, Philippe d'Encausse, coach, école française...

Je n'ai pas encore tout raconté au sujet de Londres. Dans les tribunes du stade olympique, dans le virage où se disputait le concours de perche, il y avait quelques personnes dont je ressentais la présence comme obligatoire, indispensable pour moi. Des personnes dont je devais savoir l'emplacement pour pouvoir poser le regard dessus. Ce ne sont pas forcément des échanges tels que vous pouvez l'imaginer, je n'ai pas besoin de beaucoup de mots en compétition, je sais ce que j'ai à faire. Mais des échanges d'expressions, de soutien, qui vous portent et vous apaisent. Un concours de perche dure environ quatre heures entre le moment où on débarque dans le stade pour prendre ses repères, ses marques, s'échauffer, et son dénouement. C'est très long, c'est d'ailleurs ce qui se fait de plus long en athlétisme. Il y a donc de longs temps morts. Et, dans ces cas-là, je suis dans une bulle très relative, pas totalement imperméable à ce qui se passe autour et pas dans l'état de concentration extrême qui est le mien quand je vais sauter. Alors, ce sont des moments où je regarde toujours dans les tribunes.

À un endroit, il y avait ensemble, côte à côte, ma compagne Anaïs, mon frère Valentin et mon kiné et ami Dimitri Gratia. Mes trois intimes avec qui je partageais beaucoup depuis des années, qui savaient tout de moi. Et puis ailleurs, plus près de la piste, dans la zone du coach, il y avait mon coach Damien, mon père et le DTN, Ghani Yalouz. Soudain, ça m'a frappé, je me suis demandé : « Mais tiens, pourquoi Jean n'est pas là ? » Ce n'est pas que je ressentais le besoin de lui parler, juste le besoin de sa présence, comme si son absence me faisait l'effet d'un manque. Alors j'ai dit à Ghani : « Mais il est où, Jean ? » Je savais qu'il était au stade, la délégation française s'est donc activée pour aller le chercher, lui expliquer plus ou moins que je le réclamais et il est arrivé. On a eu un échange de dix secondes, pas plus, pendant lequel je lui ai dit que j'étais prêt à le rejoindre. C'est tout. Mais, franchement, c'était important, une évidence en fait. Il fallait qu'il soit dans cette intimité-là. Et puis je me disais quand même, aussi, qu'à tout moment, pour je ne sais quelle raison, je pourrais avoir besoin de lui, qu'il me donne un regard, un conseil si nécessaire.

Jean Galfione est réellement une belle personne. Il ne se prend pas la tête, ne fait jamais rien à l'envers à personne. C'est quelqu'un de très humble, très simple, très calme, très bienveillant. Autant de choses fondamentales dans ces moments-là. Surtout, Jean savait comme aucun autre à Londres ce que je vivais parce qu'il était le seul à être passé lui-même par-là, seize ans plus tôt, aux Jeux olympiques d'Atlanta en 1996. Pour être honnête, Jean aurait même pu me coacher à Londres. Parce qu'on n'en était plus à parler technique à ce stade-là. Tout était prêt et j'avais suffisamment d'expérience pour prendre seul toutes les décisions, les choix de perche, les marques pour mon élan... Dans ces situations-là, il ne reste juste au coach qu'à mettre son athlète sur les rails de l'événement et s'il y avait une personne capable de le faire dans le stade, c'était bien Jean. Ce jour-là, j'ai eu à plusieurs reprises de simples échanges de regards complices avec lui. Quand j'y repense, je suis encore ému à ce souvenir. Quand j'ai gagné, il y a eu un moment de partage énorme, super intense, avec Anaïs, Val et Dim. Et il y en a eu un tout aussi fort, très touchant, avec Jean. Il m'a pris dans ses bras et il m'a dit : « Tu l'as fait ! Bienvenue au club ! »

Ces mots-là, « Bienvenue au club ! », ce sont aussi ceux que Pierre Quinon, champion olympique en 1984 à Los Angeles, avait glissés à Jean à Atlanta dans les mêmes circonstances. Je n'ai pas vraiment connu Pierre mais son décès tragique, peu avant les Jeux de Londres, avait beaucoup marqué l'athlétisme français. Cette formule, c'était évidemment celle d'une transmission au sein de la perche française, la seule discipline à avoir décroché trois titres olympiques comme ça, en finalement assez peu de temps, en seulement vingt-huit ans. Ce n'est pas la première fois que je l'entendais, d'ailleurs. En 2009, à Leiria, je me souviens que Ladji Doucouré et le sauteur en longueur Salim Sdiri l'avaient eue quand j'ai battu mon premier record de France. C'était déjà de la transmission, même si ce n'était que le club des recordmen de France. À Londres, évidemment, c'était plus fort, un club beaucoup plus fermé. Il n'y avait plus eu de titre olympique dans l'athlé français depuis ceux de Marie-Jo Pérec et de Jean à Atlanta. Et il n'y en a plus eu depuis d'ailleurs.

« Bienvenue au club », c'est aussi ce que j'ai dit en 2021 à Mondo, aux JO de Tokyo. Le club des champions olympiques… Bon, tout le monde se doute bien que je ne l'avais pas dit à Thiago Braz à Rio. Mais de ça, on reparlera. J'espère vraiment que je pourrai redire ces quelques mots un jour à un autre perchiste français. Cela supposera peut-être qu'on ait une connexion personnelle, quand même… et que Mondo ait pris sa retraite, probablement. Mais avec Jean, ce qui était beau, c'est que c'étaient surtout des échanges de regards qui se passaient de mots. De toute façon, ce genre de partage, intense et pudique, ça ne peut marcher qu'avec une personne que vous appréciez. Or je n'ai jamais surjoué quoi que ce soit avec Jean et je crois que la réciproque est vraie. On avait créé un lien. Le lendemain de ma victoire à Londres, Jean m'a dit qu'il allait falloir des mois pour que je réalise vraiment. Je lui ai dit « Ouais, ouais... », genre « je sais », mais en fait il n'y avait que lui qui savait. Il me faudra effectivement des mois. C'était vrai. Jean avait raison. Comme toujours.

* * *

Je n'ai jamais été un enfant « fan de ». Mais Jean représentait quelque chose à part. J'ai dix ans quand il devient champion olympique, en 1996. L'accès à l'information n'a alors rien à voir avec ce qu'il va devenir. Je le vois avec ma fille, ultraconnectée à six-sept ans. 1996, ce ne sont que les débuts du téléphone portable et d'Internet, à la vitesse de la tortue. En plus, avec le décalage horaire, Jean a sauté à 3 heures du matin en France et je n'ai pas vu le concours en direct. Mais il était la référence absolue pour un sauteur à la perche français. Je me souviens particulièrement de ce qu'il représentait pour mon père. Ma première rencontre avec Jean remonte à 2005.

J'étais junior, à Cognac. À l'époque, Alain Donias avait son groupe d'entraînement à Nantes. On se croisait aux Interrégionaux, il avait vu que j'étais isolé et il m'avait proposé de venir avec eux sur des compétitions. Cette année-là, il en avait organisé une, avec plusieurs concours, à La Roche-sur-Yon. Jean sautait encore 5,75 m à l'époque et il était là. C'est la première fois que je le voyais de mes yeux. J'étais intimidé mais j'ai osé lui demander un autographe, mon père avait un peu insisté. Je crois que je l'ai toujours chez moi mais la vérité est que ça représentait quand même plus pour mon père que pour moi. Tout comme la relation que j'aurais avec Sergueï Bubka plus tard d'ailleurs. Ce qui est logique car ils sont des figures que mon père a suivies en direct pendant leur carrière.

Ma relation avec Jean est en réalité très vite devenue celle d'une forme d'intimité, sans passer par la case idole. J'ai fait quelques concours avec lui, mais il était sur la fin et moi encore très bas. Sachez qu'à Mortagne-au-Perche, le 30 septembre 2007, j'ai gagné avec 5,20 m et Jean a fini deuxième avec 5 m. J'ai aussi sauté contre lui à Aulnay-sous-Bois, en 2006. En revanche, quand j'ai participé à mes premiers championnats de France Elite, à Nancy en 2006, Jean n'y était pas... Notre relation s'est enclenchée pour de vrai en 2009, quand ma progression m'a fait faire un bond. Lui me faisait comprendre qu'il était content de partager des choses avec moi, et moi, je voyais qu'il était presque le seul à pouvoir m'apporter une expérience à la hauteur de ce que je vivais. Quand j'ai battu son record de France à Leiria, on a commencé à devenir proches. Il m'a alors passé le relais, il m'a dit que c'était moi, maintenant, qui portais le flambeau. On est proches, amis. Cela ne veut pas dire qu'on s'appelle toutes les semaines, mais cela a à voir avec le naturel de nos échanges. On peut passer trois ou quatre mois sans échanger et passer soudain trente minutes au téléphone à parler de tout et de rien.

Dans le fond, on n'a jamais vraiment parlé perche. Plus de ressenti. Son avis sur ce que je faisais à la perche m'intéressait, il racontait être assez impressionné de voir comment je traçais ma propre route technique très personnelle, sans me soucier des autres, alors que lui avait ingurgité des quantités industrielles de vidéos de tous les meilleurs de son époque pour se forger son saut à lui. Mais il m'a toujours dit : « La perche, tu sais faire ! » C'est donc sur tout le reste du métier, les à-côtés, que je l'ai sollicité. J'ai notamment pris des infos auprès de lui sur la façon de faire avec les médias, particulièrement au moment du lancement de ma carrière. On a échangé, il m'a donné des conseils précieux. Je buvais ses paroles. Quand je vais le voir en Bretagne, c'est l'assurance de passer des moments simples. Un tour de bateau, une petite crêperie, il peut sembler avoir la tête dans les nuages, il est un peu devenu marin, mais il a les pieds sur terre. Ça fait juste du bien.

Le matin des finales, il est très fréquent que je lui envoie un message pour lui dire comment ça va. Il a toujours eu des mots susceptibles autant de me booster que de m'apaiser. Alors que certains, par exemple des coaches, vous retournent la tête en quinze secondes. Mais je ne le fais pas parce que je serais trop stressé avant une compétition, c'est un sentiment qui m'est étranger, je n'ai jamais peur avant une compétition. Je le dis sans forfanterie, ce n'est pas une fierté, c'est comme ça, je suis comme ça. Lors d'un stage début 2023 à Tignes, la Fédé avait réuni quelques médaillés olympiques, Marie-Jo Pérec, Mélina Robert-Michon, Kevin Mayer et moi, pour une table ronde. À un moment, la question de la peur sur un grand événement a surgi. Les trois autres en parlent à tour de rôle et on me demande : « Et toi Renaud ? » J'ai répondu franchement : « Ah ! bah non, désolé, j'ai jamais eu peur… ! » Avoir Jean au téléphone, c'est simplement comme avoir un proche, mais un proche qui aurait vécu ce que vous vivez. Si je l'ai avant une compétition, c'est plus pour lui dire que je suis prêt. Et ses quelques mots à lui referment tranquillement la porte derrière.

* * *

J'ai la chance d'avoir un champion olympique qui m'a précédé dans ma discipline, avec lequel je m'entends très bien. Car j'ai conscience de m'inscrire dans la continuité de l'histoire de la perche française. Une histoire riche. Après, on s'inscrit forcément dans son époque. Je ne suis pas sûr que j'aurais pu faire ce que faisait Hervé d'Encausse dans les années 1960-1970. C'était le tout début des perches en fibre, Hervé a même connu le bambou avant ça. Il n'avait que 10 % de flexion dans ces perches en fibre, contre 30 % pour nous. Et il passait 5,30 m ! Il fallait être très costaud physiquement et très gymnaste, ce qu'il était. Il m'a raconté qu'il avait touché de nouvelles perches, une fois, et qu'il en avait cassé trois de suite. C'est quelque chose, quand même ! Les tapis étaient rudimentaires. Là aussi il a connu la transition entre les aires de réception en copeaux de bois ou en morceaux de mousse et les tapis. Des tapis petits, pas plus larges que les poteaux, sans avancées autour du butoir et pas très sécurisant. Fallait être solide dans la tête, en plus.

Hervé dit qu'il doit tout à Maurice Houvion, un super technicien en avance, le premier grand entraîneur de perche français, qui fera notamment de son fils Philippe un recordman du monde en 1980 et qui finira sa carrière avec Jean. Et puis il y a eu ensuite, à côté de Maurice, un autre groupe emmené par Jean-Claude Perrin, qui coachera une quantité de champions et de recordmen du monde, dont Thierry Vigneron et Pierre Quinon. Perrin disait à qui voulait de venir sauter à Colombes. Il a fait sauter à la perche un nombre de personnes incalculables alors qu'il s'occupait en plus de ses stars. À eux deux, Maurice et Jean-Claude ont fait énormément pour la promotion de la perche et la rendre populaire. Ils l'ont fait sortir des stades pour l'amener dans les rues. Des précurseurs. Ils ont compris avant tout le monde le pouvoir d'attraction de cette discipline ultra-spectaculaire sur le grand public. Maurice a fait des démonstrations sur les places de village et Jean-Claude, sous la tour

Eiffel. Puis Jacques Collet a amené la perche dans des grands gymnases, le palais des Sports de Grenoble, pour en faire un grand show. Bubka demandera son aide à Jacques pour monter son célèbre rendez-vous à Donetsk. Puis mon All Star Perche à Clermont lui a succédé quand Donetsk et le Donbass ont été pris dans la guerre, en 2014.

En France, champions, manifestations et école de perche se sont emboîtées. On ne fait pas de la perche comme on part faire un footing. Il faut avoir une envie particulière, un grain de folie, ça sélectionne à la base les gens, ça opère un tri naturel. Tu comprends très vite si le saut à la perche n'est pas fait pour toi. C'est une discipline évidemment peu pratiquée proportionnellement à la population de sportifs. Mais on a la chance en France que la culture perche existe dans le grand public. On le doit au fait que notre discipline ait marché sur ses deux jambes, avec *des* modèles, les champions, indispensables pour attirer les médias et les jeunes, et *un* modèle, le Perche Elite Tour, pour les développer avec une série de compétitions tout l'hiver pour tous les niveaux, sans lequel le niveau global de la perche française diminuerait. C'est un cercle vertueux.

La perche a connu un âge d'or en France dans les années 1980 puis a encore brillé dans les années 1990. C'est la discipline qui a rapporté le plus de médailles internationales à l'athlé français. Je crois que seules les haies peuvent rivaliser. C'est un privilège de faire perdurer ça avec mon concours All Star international mais aussi les concours du Perche Elite Tour. Mon concept, c'est de voir cet événement comme un tout. Avec de l'initiation pour les écoles et un colloque perche, où j'ai invité Georges Martin, Jean Galfione, Maksim Tarasov et Jeff Hartwig, Maurice Houvion et Jean-Claude Perrin à venir parler de leurs expériences comparées. Je suis allé en 2022 à Uppsala, près de Stockholm, le fief de Mondo, sur son invitation, pour assister au concours qu'il y organise. C'est très bien, une belle promotion de la perche, mais juste sur son nom, juste un chouette show, un autre concept. Moi, je cherche à redonner à la perche ce qu'elle m'a apporté. C'est presque paradoxal quand on sait que je n'ai pas tant bénéficié que ça d'un système en dehors duquel j'étais, jeune. Mon premier Perche Elite Tour, je faisais déjà 5 m. Mais je sais ce que je dois à la perche.

* * *

Quand j'ai décidé de changer de coach, à la fin de l'été 2012, je me suis tout naturellement tourné vers Philippe d'Encausse, le fils d'Hervé. Phil a été un très bon perchiste lui-même, il a participé deux fois aux Jeux olympiques, en 1988 et 1992, il a fini huitième à Séoul, quinzième à Barcelone, et il a un record personnel à 5,75 m. Il a ensuite passé tous les diplômes requis, il est devenu cadre technique et dirige le pôle

Perche de Clermont. D'une certaine façon, on pourrait dire que j'ai réintégré le giron fédéral avec lui. Mais j'avais besoin d'un coach qui soit là pour moi sans rien attendre en retour si ce n'est la performance et le plaisir d'être ensemble. En 2008, j'avais sollicité Damien parce qu'il entraînait à Clermont, notamment Anaïs, parce qu'il était jeune et qu'il avait une vision dynamique qui me correspondait bien à l'époque. Ensemble, on a réussi à libérer deux ou trois trucs très importants que j'avais en moi. On a osé des choses, on avait ça en commun. Quatre ans plus tard, mon statut et nos rapports avaient changé.

Beaucoup de personnes ont trouvé étrange que je quitte Damien alors que je venais d'atteindre le sommet à Londres. Mais, d'une part, je ne pense pas qu'il faille attendre que ça aille mal pour changer ; d'autre part, ça ne se passait plus très bien avec Damien depuis déjà quelque temps. Certains parlent de « coaches-kleenex » qu'on prend et qu'on jette mais ça n'est pas du tout mon cas puisque ça fait dix ans que je travaille avec Phil. La séparation avec Damien remonte en réalité avant les Jeux de Londres. J'ai évidemment ma part de responsabilité parce que j'ai cette tendance, à la base, à garder pour moi ce qui ne va pas et à très peu dire les choses. Mais j'étais resté concentré sur les JO et la perche, faisant abstraction du reste. J'ai dit que j'avais un peu gardé les Mondiaux de Daegu en travers de la gorge. Attention, là-bas, c'est moi qui saute, pas lui.

Mais autant ma troisième place à Berlin en 2009, pour ma première, était normale, autant à Daegu, c'était un échec. À Londres, le moment venu, je ne me suis fié qu'à moi-même.

Et puis, sur la saison olympique, il y a eu plein de petits accrocs pesants. Par exemple, le week-end du meeting d'Oslo, moins de deux mois avant les Jeux, Damien se demandait s'il venait avec moi en Norvège ou s'il allait avec une jeune perchiste à des Interrégionaux. Je ne comprenais pas ça. Quand on s'est mis d'accord, avec Phil, il m'a tout de suite dit que, en matière d'organisation, il ne me reprocherait jamais de devoir faire le tour du monde pour me suivre sur des compétitions et que ce serait un honneur d'entraîner le champion olympique. Il est vrai que Damien n'avait pas le même statut que lui. Il travaillait alors au conseil général du Puy-de-Dôme. Mes succès lui ont permis des aménagements dans son boulot, il a été détaché quasiment à temps plein pour m'entraîner, mais ce n'était jamais suffisant. Quand, à l'été 2012, j'ai appris qu'il avait recruté deux juniors à 4,60 m pour la saison suivante sans m'en parler, c'est un peu la goutte qui a fait déborder le vase. Pendant mes vacances, je me suis dit qu'un nouveau cycle olympique s'ouvrait et que c'était le bon moment pour changer.

Le problème qu'a l'athlétisme en France – il existe peut-être ailleurs aussi mais je ne sais pas –, c'est le différentiel amateur-professionnel qui peut exister dans beaucoup de couples entraîneur-entraîné. Un athlète qui marche peut très bien gagner sa vie alors que son coach peut la gagner très mal. Le contraire peut exister d'ailleurs, avec un coach cadre d'État bien rémunéré et un athlète sans résultats qui galère. Ce n'est pas simple. La Fédé ne peut pas avoir tous les entraîneurs de France sous contrat. Notre système présente l'avantage d'être accessible à tous mais la valorisation des coaches, souvent bénévoles, passionnés et amateurs, reste compliquée. Il peut y avoir des primes au résultat mais l'économie de notre sport n'est pas délirante. Qui doit payer le coach ? Mon salaire est d'environ 1 500 euros par mois, c'est un CDD d'athlète pro avec la Fédé. Après, j'ai une subvention de la Préparation olympique sur présentation de frais, pour mes stages, mes soins médicaux, qui peut aller jusqu'à 30 000 euros. Tout le reste vient de contrats, surtout équipementiers.

Le système américain, souvent cité en exemple, est-il meilleur ? Il fonctionne très bien dans les universités si tu as réussi à intégrer un bon programme, donc si tu as été performant jeune. Mais ça n'a qu'un temps. Une fois devenu pro, l'athlète doit rémunérer son coach. Or, si tu ne perfes pas, tu n'as pas d'entraîneur car tu ne peux pas le payer, et si tu n'as pas d'entraîneur, tu ne perfes pas. Il y a aussi des aspects pervers à payer son coach. Ça fausse les rapports. L'entraîneur peut être tenté d'en demander trop à son athlète, à court terme, puisqu'il vit de ses performances. Sans parler du dopage… C'est un vaste sujet. Dans mon cas, quand j'ai prévenu la Fédé que je changeais de coach, je leur ai demandé de maintenir un cadre pour Damien, ce qu'ils ont fait. Mais j'avoue que c'est bien différent avec un cadre technique car cela exclut la question de l'argent de l'équation.

Quoi qu'il arrive, quel que soit son statut, l'entraîneur ne doit jamais oublier qu'il n'a pas la possession d'un athlète. Il y a des coaches qui entraînent par passion, pour aider un athlète à atteindre son maximum et non pour que l'athlète l'aide lui à devenir le meilleur coach. J'ai entendu beaucoup trop d'entraîneurs, à tous les niveaux, en club, à la fac, en pro, dire à un athlète voulant partir : « Non, tu ne peux pas me faire ça, c'est moi qui t'ai amené là ! » C'est dingue, ça ! Ce n'est pas sain, ça crée des tensions énormes. J'ai déjà entendu un coach dire à une jeune perchiste partir pour un autre : « Je resterai à jamais l'entraîneur qui t'a fait progresser de trois mètres. » On en arrive à ce genre d'absurdité. Il manque à ces coaches qui s'approprient leurs athlètes l'essentiel, la dimension d'éducateur, alors qu'ils devraient comprendre qu'un athlète, pour sa progression ou son équilibre, a besoin d'aller ailleurs pour une autre aventure, une autre méthode. Ce n'est pas forcément agréable, mais c'est la vie, on n'appartient pas aux entraîneurs et inversement. C'est un problème global qui dépasse l'athlétisme, d'ailleurs.

* * *

J'ai croisé Phil pour la première fois à l'hiver 2003, j'avais seize ans, lors d'une sorte de stage. On faisait des sauts, il regardait, il donnait des conseils. Il avait dit à mon père qu'il fallait continuer dans cette voie-là, mais je ne lui avais probablement pas tapé dans l'œil. Après, une fois à Clermont, on se croisait, évidemment. Mais, surtout, Phil était régulièrement le référent « Perche » en équipe de France. En 2009, quand je passe pour la première fois 6 m à Leiria, c'était lui qui me coachait. Au final, c'est marrant, mais Phil a été là lors des dix-neuf concours où j'ai sauté à plus de 6 m. En 2012, quand j'ai senti qu'il me fallait du changement, il est le premier vers lequel je me suis tourné naturellement pour lui demander ce qu'il en pensait. Il m'a dit tout de suite qu'un coach serait fou de ne pas vouloir s'occuper d'un champion olympique à 6 m. Et que son métier était d'être disponible pour me suivre partout où il le faudrait. Le défi l'intéressait, évidemment.

Phil a été très important dans ma carrière. Il n'y a pas si longtemps, quand j'ai réfléchi à la suite, c'est-à-dire au dernier chapitre de ma carrière, je me suis remis en cause, parce que c'est indispensable, et je me suis demandé si je ne devais pas changer de coach, parce que c'est naturel de se poser la question. Mais j'en ai très vite écarté l'idée en faisant deux colonnes, pour et contre, et en voyant le déséquilibre entre les deux. On se connaît trop bien, on s'entend très bien, on a plein d'affinités en dehors de la perche aussi, notamment les sports méca, la moto. Phil est un bon vivant, on se marre bien, ce qui compte sur la durée. Après, je ne passerais pas un mois de vacances H24 avec lui, et vice versa, mais on passe de super moments en stage plusieurs semaines dans l'année et c'est important. On a vécu des choses qui comptent ensemble, très fortes, qui font qu'on restera forcément en contact après.

Très bien se connaître peut être un handicap si ça fige une relation, mais je continue de surprendre Phil, on discute énormément et on évolue ensemble. C'est un coach très lucide sur le niveau des uns et des autres, sur ce qu'ils sont capables de faire à un instant *t*. Il n'a surtout aucune frustration par rapport à son vécu de perchiste et ne cherche pas à compenser un manque avec ses athlètes. Il a fait toute sa carrière à une époque très relevée, avec Jean en France en partie, et avec tous les Soviétiques, Bubka en tête. Il n'a pas à rougir de ce qu'il a réalisé et il en a largement fait le deuil. Mais attention, Phil a beau être très sympa, c'est un faux calme. Il peut bien s'énerver si on va le chercher. Avec moi, ce qui a fonctionné, c'est que je ne triche pas à l'entraînement. J'ai même tendance à en faire trop. Il a tiré des certitudes de son expérience, les choses à faire et à ne pas faire, mais sans jamais être rigide, pour peu que ce qu'on lui propose ait du sens. Il sait que le saut à la perche n'est pas une science exacte.

Phil a une énorme confiance en mes capacités. Il sait quelles conditions je dois réunir, physiquement et techniquement, en termes de prépa et de compétitions, pour arriver en situation d'être performant le jour J. Il est bon sur la programmation globale et il ne perd jamais de vue l'essentiel. Je ne sais pas si c'est le meilleur coach en France, mais c'est le meilleur coach en France pour moi. Preuve que ce n'est de toute évidence pas le plus mauvais, il a fait progresser tous les perchistes qu'il a eus. Mais il ne peut pas avoir tout le monde et il ne conviendrait pas à tout le monde. Il n'a jamais eu un gros groupe d'entraînement et n'a ainsi jamais sacrifié les autres pour moi. On n'a jamais été plus de cinq ou six perchistes. À un moment, on n'était même que deux, avec Stanley Joseph, et brièvement trois, avec Kevin Ménaldo. J'ai alors dit à Phil que c'était compliqué, qu'on se retrouvait parfois seul quand l'un était absent ou blessé, et que ce serait bien d'accueillir des jeunes pour me rebooster. C'est ce qui s'est passé avec Thibaut Collet, avec qui j'avais une super entente en dehors, déjà. Et puis il y a eu Ethan Cormont et Anthony Ammirati, récent champion du monde Juniors, Alioune Sène et Mathieu Collet. Cela a donné un groupe dynamique qui me pousse et qui permet à Phil de voir aussi plus loin que moi, vers 2028 au moins. Après, on n'a pas fait de casting non plus. Phil a pu refuser des candidats. En tout cas, on en a toujours discuté, en raison de nos rapports et non de mon statut. D'ailleurs je ne lui ai jamais mis de veto sur qui que ce soit.

* * *

Je ne suis pas coach et je ne pourrais pas me passer de coach. Je me demande d'ailleurs parfois si je pourrais le devenir. Ce n'est pas une priorité à ce jour quand j'envisage ma fin de carrière mais je commence à prendre goût à l'échange. Sur le côté perche, je crois que je pourrais savoir. Mais il y a tout le reste... qui s'apprend d'ailleurs. Je me verrais plus dans un rôle de consultant. Beaucoup d'anciens perchistes français coachent, Vigneron, Collet, D'Encausse, Baudouin... On est vraiment là dans la transmission de la perche française. Moi, je me demande si j'entraînerais plus volontiers des femmes que des hommes. Peut-être qu'avec des hommes, j'en exigerais trop parce que je me servirais de mes propres repères. Alors que je ne serais pas tenté de me comparer avec les femmes. Avec mes enfants, ça me semblerait une évidence. Mais j'ai le temps, on verra.

Pour l'heure, j'ai une grande confiance dans l'œil de Phil et mon taf est de sauter. Pas de faire mes plans d'entraînement en demandant juste à un gars qui passe par là s'il veut bien me filmer pendant que je saute, pour faire seul tous les ajustements ensuite. Avec Phil, on n'a parfois pas la même vision de certaines choses mais on échange et trouve toujours la solution en faisant des compromis. Avec les blessures que j'ai eues ces dernières années, certains lui ont reproché de m'en avoir parfois laissé faire plus que ce que je pouvais encaisser. Mais il n'y est pour rien. J'ai toujours fonctionné comme ça et c'est ce qui a longtemps fait ma force. En vérité, Phil aurait été ravi, depuis des années, que je lui dise que je ne veux pas faire de saison en salle ou ne pas aller à un Euro indoor. Il m'aurait dit : « Mais quelle bonne idée ! » Ça m'aurait permis de mieux me régénérer. Mais ce n'est pas moi, je ne peux pas le concevoir, j'en ai toujours eu le besoin aussi pour entretenir ma dynamique. J'ai toujours été plus fort l'été quand j'ai pu faire une saison en salle. Donc il l'a accepté.

Si on a pu faire de mauvais choix, je ne peux pas les lui imputer. C'est plus moi qui aie pu me sentir mieux ou moins bien que ce que j'étais sur le moment. Et toutes les décisions qu'on a prises étaient les bonnes sur le moment. Parce qu'elles étaient nourries d'échanges et de confiance réciproque. Parce qu'on est en phase, sans hypocrisie et sans jalousie. A posteriori, il est toujours facile de refaire le monde. Au vu de ce que j'ai réalisé pendant douze ans avec Phil, on peut dire qu'on a globalement été dans le vrai. Mais quand l'hiver 2012-2013 s'est profilé, je n'oublie pas qu'entre mon titre olympique et son arrivée à mes côtés, on était tous les deux très attendus au virage et que la pression était grande pour moi comme pour lui.

CHAPITRE 7

SPIRIT

Perches, levier, dureté, galères,
règlements, Euro de Göteborg,
course d'élan, Mondiaux de Moscou…

J'ai vraiment la chance d'avoir été recordman du monde et champion olympique, deux sommets différents que je ne veux pas hiérarchiser. L'un ne va pas sans l'autre. Le record du monde est issu du titre olympique dix-huit mois plus tôt. Avant Londres, le record n'était qu'une lubie. J'étais le meilleur du monde, oui, mais à 15 cm du record. C'était un objectif, parce qu'on pense toujours à plus, mais lointain. Avant de parler de Donetsk, il faut parler de Göteborg, six mois après les JO de Londres. Cet Euro indoor de mars 2013 a été une première étape essentielle dans cette quête. Je venais de changer de coach, j'ambitionnais de prendre des perches encore plus longues. À Göteborg, j'ai passé une barre à 6,07 m qui faisait de moi le deuxième perchiste le plus haut de tous les temps derrière Sergueï Bubka. Mais la barre a rebondi sur ses taquets très bizarrement et elle s'est coincée d'un côté, sur le haut du taquet, là où il fait un angle avec le poteau sur lequel il est fixé, et non sur son emplacement initial, le taquet lui-même, ce que n'autorise pas le règlement. Je ne crois pas que je connaissais ce point du règlement. Les juges m'ont expliqué, c'était absurde mais je ne pouvais pas le contester. J'étais extrêmement frustré mais, dans mon esprit, j'étais passé.

Les règlements ont souvent évolué au fil du temps et, me semble-t-il, jamais au profit des perchistes. Les taquets où repose la barre, par exemple, faisaient 75 millimètres de long il y a quelques décennies, ils n'en font plus que 55, ce qui offre moins de stabilité. Les embouts en caoutchouc de la barre, qui reposent sur ces taquets, étaient cubiques auparavant, ils ne sont plus carrés que d'un côté, celui en contact avec la barre, et sont en demi-lune de l'autre côté, ce qui incite la barre à tomber si elle fait un demi-tour sur elle-même quand on la touche. Bubka a par exemple établi ses records avec ces embouts cubiques. Et puis il y a l'application des règlements par les juges.

Beaucoup de juges m'ont donné l'impression qu'ils jouaient le rôle de la police et qu'ils nous voyaient a priori comme des voleurs, forcément suspects de vouloir tricher. Ça dépend quand même un peu des cultures. Il y a des endroits, par exemple aux États-Unis, où l'on sent que le jury est là avant tout au service de l'athlète et de la performance. Ça ne veut pas dire qu'il prend des libertés avec le règlement mais qu'il est plus souple dans son application. Par exemple, il n'hésite pas à changer le sens du sautoir dans un stade pour qu'on ait vent dans le dos. Ils font pareil pour le sprint. En Europe, ça n'existe quasiment pas. Il m'est arrivé, en Europe et notamment en France, de devoir batailler pour qu'on laisse nos petites marques repères au sol, avec du scotch, à l'extérieur de la piste, des marques très importantes pour notre course d'élan. Le jury américain peut aussi prendre son temps avant de relancer le chrono entre deux sauts. Au passage, il faut rappeler que ce temps imparti dans lequel vous devez sauter a lui-même été diminué au fil des ans, pour satisfaire les télés et accélérer le spectacle. Avant, on avait par exemple six minutes si on se retrouvait seul en piste et aujourd'hui plus que cinq. Quand vous êtes dans le *money time* en fin de concours, ce n'est pas rien pour la récupération ou dans l'attente que le vent tourne.

* * *

Il y a ainsi une multitude de petites choses qui ont évolué en notre défaveur. Ce qui n'a pas changé, en revanche, c'est l'absence de limite à la longueur des perches. Ce n'est de toute façon pas celui qui a la plus longue qui sautera le plus haut. Ce n'est heureusement pas si simple que ça. C'est une question liée à la physique. Je m'explique. Notre main supérieure sur la perche détermine le levier par rapport au point zéro, le butoir. Très logiquement, plus on a une perche longue et une main haute éloignée du point zéro, plus on a de distance à parcourir vers le plan vertical des poteaux. Or, avant de sauter haut, l'idée de base est quand même d'avancer et de retomber sur le tapis. Pour relever une perche qui ferait 6 m de long, cela nécessiterait de générer une énergie telle qu'il faudrait au perchiste une vitesse de course probablement 15 % supérieure au maximum jamais enregistré. Un delta monstrueux. Il ne faudrait plus arriver à 10 m/s mais à 11 m/s dans le butoir, personne n'en est capable avec une perche. Ou alors, autre hypothèse, il faudrait quelqu'un qui mesure 2,10 m, qui arriverait à 10 m/s et qui serait très fiable techniquement, ce qui est d'autant plus compliqué que la perche est longue car toute erreur technique en bas vous éloigne alors encore plus de votre objectif en haut.

De toute façon, le levier n'est qu'un élément de la perche, il y a aussi son indice de dureté. Plus il est petit, plus la perche est dure, moins elle est flexible et plus elle est difficile à plier. Le choix d'une perche, c'est donc un compromis entre son levier et sa dureté. Prendre plus de levier si c'est pour prendre plus souple n'a pas grand intérêt. Le Canadien Shawn Barber, champion du monde en 2015 à Pékin, prenait énormément de levier, peut-être 5,25 m ou 5,30 m, ce qui lui a permis de passer 6 m, mais sa technique le limitait pour aller plus haut. À l'inverse, l'Américain Sam Kendricks a passé 6 m avec seulement 4,90 m de levier. Il n'y a pas de règle universelle et c'est très bien comme ça.

La perche, en tant qu'objet, est un marché de niche. Il n'y a que peu de fabricants et finalement très peu de recherche spécifique. Et donc très peu d'évolution. Moi j'ai opté pour la fibre de verre, certains préfèrent un mélange fibre de verre-carbone. J'utilise la même marque, Spirit, que celle dont se servait Bubka dans le temps ou Duplantis aujourd'hui. Et donc la même composition. C'est très intéressant à noter car les comparaisons sont souvent ridicules à faire entre les époques en raison des évolutions technologiques mais c'est d'autant moins vrai à la perche que les trois derniers recordmen du monde sautaient avec le même matériel en mains. Nos records ont même été réalisés avec la même longueur de perche (5,20 m). Seuls nos indices de dureté varient car je suis moins costaud et que mes perches sont donc plus souples. Je suis allé à l'usine de Spirit, à Reno, dans le Nevada, avec Phil et Philippe Collet, qui avait un peu été le premier à les faire venir en Europe au tournant de 1990. Il m'a dit que, plus de vingt ans plus tard, rien n'avait changé. On n'est clairement pas là dans le domaine de la chaussure de running, énorme marché de masse dont bénéficie l'Elite, avec une évolution technologique des pointes qui a révolutionné les chronos.

* * *

Dans mon étui de compétition, j'ai sept perches. Chacune a une fonction bien définie. En 2014 et

2015 par exemple, il y avait la 4,75 m/17.5 d'indice de dureté, que j'ai depuis 2009, pour prendre mes repères sur dix foulées à l'échauffement. Ensuite, j'ai deux 5 m dont une 5 m/15.0, pour sauter sur seize foulées, et puis des 5,20 m/14.9, 5,20/14.6, 5,20/14.3, 5,20/13.8. Les perches ont un coût : entre 400 euros pour les plus petites, pour les jeunes, jusqu'à 1 000 euros pour les plus longues. Au départ, le plus souvent, elles appartiennent à un club. Les fabricants n'envoient pas plein de perches en cadeau. À partir de mes premiers 6 m, ils m'en ont offert, mais pas toutes. Les 5,10 m ou 5,20 m de compétition, oui, mais je m'achète mes perches d'entraînement. Notez bien qu'une perche n'a pas de durée de vie précise. Il y en a que j'utilise depuis quinze ans. Ça casse très rarement et ça ne s'use pas vraiment. On n'est plus à l'époque des débuts de la fibre quand Hervé d'Encausse en cassait plusieurs, toutes neuves, lors d'une même séance. Moi, j'ai dû casser huit perches en vingt ans. Dont certaines quand j'étais jeune, qu'avait utilisées mon père avant moi. Quand ça arrive, évidemment c'est spectaculaire, et on peut se blesser, se casser une main… Mais c'est plus spectaculaire que dangereux. J'en ai déjà parlé, je ne reviens pas dessus. En tout cas, on en change beaucoup moins que de chaussures.

Pour me mettre à l'abri des mauvaises surprises, j'ai fait des doublons de jeux de perches. Il m'est en effet arrivé de perdre un étui pendant une saison, égaré dans des correspondances pendant des semaines. Aujourd'hui, je dois avoir 80 perches à moi, dont beaucoup en double donc, notamment ma gamme de compétition. Désormais, elles sont pour l'essentiel au Stadium d'Aubière et le reste chez moi. À une époque, j'avais un étui qui restait à Paris pour faciliter mes voyages car les perches ne rentrent pas dans l'avion Clermont-Paris. Mais avant de prendre l'avion, il faut d'abord sortir de chez soi.

D'ailleurs, quand j'étais cadet-junior, je ne prenais pas l'avion pour aller sur les compètes. La première fois de ma vie où je l'ai pris, c'était pour aller à Debrecen aux championnats d'Europe Espoirs en 2007, j'avais vingt et un ans. Je n'ai pris le train qu'une seule fois avec mes perches. On s'était vraiment mis à beaucoup pour rentrer l'étui par les fenêtres. Plus jamais je ne revivrai ça. Bref, le perchiste se déplace le plus souvent en voiture. Vous récupérez votre étui, et vous le mettez sur la galerie. Il n'y a pas le choix. Quand j'ai eu mon permis, j'ai récupéré la Super 5 de mes grands-parents, avec laquelle j'ai parcouru la France, mes perches sur le toit. On te repère vite. À l'été 2008, j'ai fait Clermont-Metz-Strasbourg-Clermont avec mes perches sur la Super 5. Dans les montées, c'était long. Aujourd'hui je ne le referais plus mais c'est un moment qui m'a marqué positivement.

La voiture reste le moyen de locomotion le plus pratique pour trimbaler nos perches. Je suis allé comme ça en Belgique, en Allemagne, en Suisse, en

Italie, au Portugal... Un bon étui, une bonne voiture et de bonnes sangles dont on sait se servir, ça fait partie de la panoplie du perchiste. Quand je vois certains jeunes perchistes qui ne sont pas capables d'attacher leurs perches sur le toit, ça me stupéfie. L'avantage, c'est que les déplacements en voiture créent une indépendance. On se gère, de chez soi à l'hôtel ou au stade à l'arrivée. Mais ce n'est pas neutre dans la solidarité de ceux qui pratiquent cette discipline. La galère n'est jamais loin, des coups de main indispensables. Ne serait-ce qu'avec un parking éloigné du stade. Si t'es seul avec ton étui sur l'épaule sur un kilomètre et ton sac de sport, tu galères.

Évidemment, pour certaines destinations, l'avion devient inévitable et là, c'est une tout autre histoire. Un étui fait vingt centimètres de diamètre et environ cinq mètres de long. On est dans du hors gabarit de chez hors gabarit. Vous ne pouvez pas passer incognito dans les aéroports, le combo casquette-lunettes de soleil ne suffit pas. Surtout, ça ne rentre pas dans la soute de tous les avions. Certaines destinations sont inaccessibles, desservies par des avions trop petits. Il faut multiplier les démarches avec les compagnies aériennes. Quand vous arrivez avec vos perches à l'heure à la compétition, c'est déjà une victoire.

Tous les perchistes ont des anecdotes à ce sujet. À l'enregistrement, la règle est d'arriver le premier, mais vous pouvez vite tomber sur un employé perdu. Les messages n'ont pas forcément été passés. Il y a aussi ceux qui vous disent : « Oh ! là, là, mais ça ne va jamais passer dans l'avion ! Vous avez fait une demande ? » « Bah non, on a vu de la lumière, on vient par hasard, on tente notre chance... » On s'y prend toujours minimum quarante-huit heures avant, avec un suivi, c'est toute une logistique. Par expérience, si ça traîne à l'embarquement, c'est mal barré. Car les étuis de perche doivent être chargés en premiers, sur les côtés des soutes. On ne peut pas voyager avec toutes les compagnies. Pour aller à Donetsk, à une époque, les soutes des appareils depuis Kiev étaient trop petites et les perchistes entreposaient leur matos dans l'allée. En termes de sécurité, ça a changé un peu, c'était une autre époque.

Pour le meeting d'Ostrava, l'un des plus importants du circuit, tout au bout de la République tchèque, les appareils qui atterrissent sur le petit aéroport ne prennent pas de perches non plus. On voyage généralement par Cracovie, en Pologne, avant de finir le trip par la route. Je me souviens qu'une fois, j'étais parti là-bas l'avant-veille. À l'arrivée, pas de perches. On se renseigne : « Où sont les perches ? » Réponse : « On ne sait pas ! » « Comment ça, vous ne savez pas, ça ne passe quand même pas inaperçu ! » « Oui, mais on ne sait pas. » On est partis pour Ostrava. Le lendemain, veille du meeting, j'ai commencé à démarcher les autres perchistes pour savoir ce qu'ils avaient et ce qu'ils pouvaient me prêter. En gros, je pouvais compter sur trois perches pour bricoler pendant le concours. Le matin du meeting, on apprend que la compagnie aérienne a retrouvé mes perches et qu'elles sont en route. J'arrive au stade dans l'après-midi, rien. J'entre en chambre d'appel, toujours rien. Et quand vient finalement l'heure de faire mon entrée dans le stade, je vois au même moment mon étui faire la sienne par une autre porte. Mais ç'aurait pu être pire. Je sais qu'une fois, pour une compétition au Brésil, je crois, Sergueï avait vu arriver ses perches sciées en deux, c'était le seul moyen qu'ils avaient imaginé pour les faire entrer dans l'appareil !

* * *

On accepte plus volontiers les galères de perches que celles de règlement, dont j'ai parlé, ou d'infrastructures. Il y a par exemple beaucoup trop de tapis dont les avancées ne sont pas assez biseautées et empêchent les grosses flexions de perche, qui sont à la base de ma technique. Mais que dire du sautoir du stade olympique Loujniki de Moscou ! C'est là que se sont disputés les championnats du monde 2013. Le sautoir de perche y est dans la demi-lune, c'est-à-dire à l'intérieur d'un virage de la piste, et c'est assez fréquent. Il existe bien quelques stades où les sautoirs de perche sont parallèles aux lignes droites des pistes, comme au Stade de France, à Charléty ou à Eugene. Cela permet, si le stade a été bien conçu, d'avoir le plus souvent un vent axial mais je ne reviens pas sur le sujet du vent. Ces sautoirs-là sont très rares. Dans la majorité des stades, ils sont positionnés dans les demi-lunes.

Dans ces cas-là, on a forcément moins de place pour notre élan. Il m'est déjà arrivé de devoir empiéter sur la piste. Mais d'un pied, pas de plusieurs foulées comme à Moscou. Parce qu'au stade Loujniki, non seulement on sautait dans la demi-lune, mais en plus le tapis était très en retrait de l'ovale de la piste, ce qui réduit d'autant la piste d'élan. Le règlement prévoit un minimum de 40 m d'élan à partir du butoir. Ils y étaient ric-rac. Mais dans les faits, seule une poignée de sauteurs ont besoin de moins de 40 m, la majorité prend plus. Moi, pour un élan complet de vingt foulées, il me faut 49 m pour 45 à 46 m de course. Bref, ce jour-là, je partais du couloir 3. Et comme le sautoir était en plus dans la demi-lune d'arrivée, j'étais couloir 3 dans un trafic important.

Quoi qu'on ait pu me dire, ce ne sont pas des conditions pour des championnats du monde. D'autant que cela crée des inégalités. Ceux qui ont une course d'élan plus courte pouvaient partir de l'intérieur de la piste et ne se soucier de rien. C'était le cas notamment de Raphael Holzdeppe. Moi, ça m'empêchait d'être complètement dans mon concours puisque je devais vérifier à chaque fois qu'il n'y avait pas de coureur sur la piste et éventuellement attendre mon tour. Je n'ai jamais réussi à trouver une course naturelle, j'étais en mal de repères. J'ai réussi à passer 5,89 m au troisième essai, mais Holzdeppe est, lui, passé au premier. À 5,95 m, j'ai essayé des trucs, mais rien à faire. Je n'ai jamais pu me régler.

On a dit que j'aurais dû raccourcir ma course d'élan. Ce qui est assez facile après coup. Comme j'ai souvent réussi à m'adapter aux circonstances dans ma carrière, par exemple avec le vent, j'étais plutôt dans cet état d'esprit. Surtout, j'avais fait toutes mes compétitions précédentes sur vingt foulées, gagné les quatre dernières avant Moscou en passant, dans l'ordre, 5,92 m au Stade de France, 5,95 m aux championnats de France à Charléty, 5,96 m à Monaco et 6,02 m à Londres, le plus haut saut de ma carrière en extérieur à l'époque. J'étais en contrôle total, avec les bonnes perches, le bon élan. Et là, il aurait fallu que je change tout pour les Mondiaux ? Ça n'a pas de sens. J'ai déjà fait 5,95 m sur seize foulées dans des conditions bien particulières, des salles manquant d'espace par exemple, mais ce n'est pas la logique du sport de se restreindre alors qu'on s'entraîne pour être le plus performant possible. Quand on est en compétition, il n'est plus l'heure de se poser des questions fondamentales. Je me suis battu avec ce que j'avais. Une galère du début à la fin. Le paradoxe, c'est que de mes cinq médailles mondiales en plein air, c'est l'argent à Moscou qui est mon meilleur résultat, précisément le jour où j'ai eu le moins bon feeling.

Il est assez risqué de jouer son concours en changeant au dernier moment, le jour J, sa structure de course. Elle reste la part la plus importante dans la perf à la perche. La mienne repose idéalement sur vingt foulées. Pour des raisons que je ne m'explique pas, je n'ai jamais réussi à être à l'aise avec dix-huit foulées. Ces derniers temps, on l'a beaucoup essayé en se disant qu'avec l'âge ça peut être une solution d'économie mais je ne m'y retrouve pas. Moins facile, pas naturel... Une fois, à Nevers, la longueur de la salle m'y a obligé et j'ai passé 6 m, mais c'est le contre-exemple. Je préfère seize foulées à dix-huit. Depuis que je saute sur vingt foulées, en 2009, si je dois réduire, je passe sur seize. Mais les quatre foulées supplémentaires me donnent plus de temps, de confort, de contrôle, de fluidité. Elles me permettent de ressentir l'accélération finale, de ne rien précipiter, d'être en phase avec mon saut. Entre seize et vingt, j'arrive avec la même vitesse max dans le butoir, mais ma disponibilité et donc ma gestuelle sont bien plus efficaces sur vingt. Sur seize, je suis toujours en accélération, en production d'énergie. Alors que sur vingt, je finis par passer un cap et gérer. Or le relâchement est un atout pour la gestuelle technique. D'ailleurs, si on prend mes stats absolues, j'ai fait 6,16 m sur vingt contre 5,96 m sur seize.

* * *

Entre Göteborg et Moscou, 2013 a été source de péripéties insolites. Improbables, même. Voire frustrantes. Mais cette première année avec Phil, avec un troisième titre européen en salle et un troisième podium mondial en plein air consécutifs, a confirmé ma dynamique olympique. D'autant que je sentais que j'avais encore de la marge de progression. Mon record est officiellement resté coincé à 6,03 m en Suède mais, dans mon esprit, il était désormais de 6,07 m. D'ailleurs, 6,07 m est une barre que je n'ai jamais retentée pendant ma carrière. J'ai senti ce jour-là à Göteborg qu'il y avait de la place et que j'irai plus haut un jour. Et la saison en salle qui se profilait en 2014 devait me permettre d'exploiter au mieux mon potentiel, sans vent ou demi-lune pour gâcher la fête.

CHAPITRE 8

DONETSK

Record du monde, Sergueï Bubka,
rêve, Cédric Klapisch,
documentaire, guerre…

Un record du monde, en athlé, c'est compliqué à planifier. C'est déjà le cas en course à pied, où l'on utilise pourtant des lièvres et des *wavelights*, des petites lumières le long de la lice, à l'intérieur de la piste, pour dicter le tempo. Cela permet au meilleur de passer dans les meilleurs temps de passage possibles mais ça ne marche pas à tous les coups, loin de là. Alors, au saut à la perche, une discipline qui comporte tellement de paramètres que vous pouvez faire un zéro le jour où vous vous sentez dans la forme de votre vie, justement parce que vous êtes si fort que vous en perdez vos repères, on n'en parle même pas. Pourtant, il n'y a jamais eu autant d'indices positifs et de signes annonciateurs pour moi qu'avant ce meeting de perche organisé à Donetsk par « le Tsar » Sergueï Bubka le 15 février 2014. Et il n'y a pas besoin de rembobiner bien loin pour le mesurer.

Après notre première année concluante ensemble en 2013, on a eu l'intelligence, avec mon coach Philippe d'Encausse, de ne pas vouloir tout changer. On a appris à se connaître, il a évalué mes capacités à l'entraînement et en compétition et on a décidé de tenter de passer sur des perches de 5,20 m, encore plus longues, pour me donner plus de levier et grimper encore d'un étage. J'étais mûr pour ça et c'était le moment ou jamais. À l'entraînement, j'enquillais les séances, ça montait en puissance, j'étais de plus en plus fiable. En décembre, à la Réunion, j'ai passé 5,80 m sur seulement douze foulées d'élan. En rentrant du stage, je fais 5,93 m à Aulnay-sous-Bois sur seize foulées. Alors au moment des fêtes de Noël, à Clermont, j'ai essayé les 5,20 m pour la première fois. Comme on met toujours moins d'énergie et moins d'adrénaline à l'entraînement qu'en compétition, on utilise pour ces séances améliorées, rares dans une saison, une piste surélevée pour la course pour augmenter nos capacités. En gros, on triche en prenant de la hauteur par rapport au butoir et, sur douze foulées, on se rapproche de repères de compétition tout en pouvant multiplier les sauts, ce qui n'est pas possible sur vingt. C'est comme ça qu'on a procédé et ça s'est bien passé, on avait ouvert la porte.

Le seul moyen de le valider, après, c'était la compétition. Mais attention, on ne s'est pas dit alors avec Philippe qu'on allait chercher le record du monde. Sauf que fin janvier, à Rouen, tout se met en place, je passe 6,04 m au premier essai avec mes 5,20 m/14.6. Record de France ! Ce jour-là, je ne place pas encore ma main haute au bout de la perche, j'utilise 5,12 m ou 5,13 m de levier. Et je tente le record du monde. C'est alors la troisième fois de ma carrière que je m'y essaie. La première fois, c'était en 2011, quand j'ai gagné l'Euro indoor à Bercy avec 6,03 m. La deuxième, c'était dans la foulée de mes 6,02 m au meeting de Londres en 2013, juste avant les Mondiaux de Moscou. Mais je sens bien que la dynamique est différente cette fois-là. Ce n'est plus seulement pour voir, comme ça, en passant, parce que l'occasion se présente…

Le meeting suivant, à Bydgoszcz, en Pologne, on se dit, avec Phil, qu'il faut désormais faire des 6 m mon camp de base, et après on voit. Il ne faut pas que je sois là sur un exploit mais sur la constance. Avant d'être le numéro 1 de tous les temps, je me dis qu'il faut d'abord que je devienne le numéro 2. Comme mes 6,07 m de Göteborg n'ont pas été validés, Steve Hooker demeure alors officiellement le deuxième perchiste de tous les temps avec ses 6,06 m. Donc, à Bydgoszcz, après mes 6 m, je demande 6,08 m. Et je passe. Pour la première fois de ma vie, je réussissais deux sauts à plus de 6 m dans un même concours et je devenais vraiment le deuxième de l'histoire derrière le monstre Bubka. Comme d'habitude, je ne me suis pas arrêté là et j'ai tenté le record du monde. Des sauts pas dégueulasses du tout.

Donetsk était deux semaines après. L'objectif était de refaire 6 m une troisième fois d'affilée et de tenter le record du monde sous les yeux de Bubka. J'ai alors passé les dix meilleurs jours d'entraînement de toute ma vie. Sur les bases de tous mes records. Je refais même une séance avec la piste surélevée pour essayer mes plus grosses perches, mes 14.0 et mes 13.8 de dureté, histoire de les plier pour la première fois. Je passe alors un fil élastique à 6 m et je le monte à 6,10 m derrière pour un ou deux sauts très bien engagés. Je pousse même ce fil jusqu'à 6,20 m et 6,30 m pour m'obliger à aller chercher très haut avec mes pieds et mon bassin. Tout était en train de s'emboîter. Comme la plus grosse perche de mon étui était alors ma 14.0 et que je n'avais plus de place, j'ai demandé à mon frère Valentin s'il pouvait mettre ma 13.8 dans le sien, des fois que, au cas où…

* * *

À Donetsk, le vendredi, on a la conférence de presse l'après-midi. Je retrouve Sergueï et je vois quelque chose de spécial dans son regard. On se connaissait un peu mais pas tant que ça. Mais là, je n'oublierai jamais sa façon de me demander : « Alors, comment ça va ? » Ce n'était pas un « comment ça va » de courtoisie, un « comment ça va » de circonstance. C'était plutôt : « T'es prêt pour demain ? » Et dans ses yeux, dans sa façon de le dire, j'ai senti qu'il me demandait si j'étais prêt à battre le record du monde. Intérieurement, ça m'a touché. Parce qu'on a tous l'image d'un Sergueï Bubka assez froid, élevé chez les Soviets, antipathique avec ses adversaires pendant sa carrière et pas très avenant avec les générations qui l'ont suivi. Or, là, il devient supporter. Il m'avait déjà félicité par le passé, lors de mes premiers 6 m à Leiria, puis en me remettant ma médaille d'or à Londres, et j'avais compris qu'il m'appréciait. Il me complimentait souvent.

Je crois que cela tient à ma personnalité. J'ai surpris le monde avec ma façon de sauter, d'oser, avec mon engagement. Tout le monde s'attendait après lui à voir des perchistes de 1,85 m minimum, très costauds, et non un gringalet comme moi, qui cassait les codes. Sergueï n'avait pas le même gabarit mais lui aussi décollait vraiment, avec une grosse vitesse d'approche, avec pas mal de flexion dans la perche pour un sauteur de l'école soviétique. J'ai compris après, en étant à sa place, qu'on voit ceux qui ont un truc en plus. Je l'ai vu très tôt chez Duplantis. Et puis, pour Sergueï, peut-être qu'il y avait une dimension un peu politique. Avant moi, la perche a été dominée par les Américains, Brad Walker, Tim Mack, Nick Hysong… et je ne crois pas qu'il avait beaucoup d'affection pour eux. Il y a eu aussi des Australiens, mais Dmitri Markov était un transfuge russe et Steve Hooker était entraîné par un transfuge russe. Je suis arrivé comme l'héritier d'une école française pour laquelle Sergueï avait un immense respect. Dans sa carrière, ses principaux rivaux avaient été des Français, il avait sauté, entre autres, contre Philippe Houvion, Pierre Quinon, Thierry Vigneron puis Jean Galfione. Il avait bataillé son record du monde avec Thierry, le dernier qui le lui a contesté dans un incroyable meeting à Rome, en 1985, quand Thierry le lui a pris avant qu'il ne le lui reprenne. Pour lancer son meeting à Donetsk, Sergueï avait aussi demandé son aide et son expertise à la famille Collet.

Bref, l'attitude de Sergueï ce jour-là ne m'a pas mis la pression, elle m'a fait plaisir, m'a donné de la confiance. Après la conférence de presse, j'ai fait un bon entraînement. Valentin venait pour la première fois à Donetsk, moi pour la troisième. Je l'ai emmené voir la statue de Sergueï monumentale devant le stade. Comme un pèlerinage de perchiste. Mais je n'ai rien changé à mes habitudes. Elles sont assez lunaires pour la plupart, mais ça consiste à dormir le plus tard possible. Pas de petit déj. Je visionne des sauts sur mon ordi avec la musique dans les oreilles pour faire monter le truc. Je grignote et puis je prépare mon sac. On avait un bus pour le stade à midi. Tous dans le même. Là-bas, l'organisation n'est pas à la carte. Fin de l'échauffement à 14 heures. Début de la compétition à 14 h 30. J'ai mis mes petits scotches sur le bord de la piste : un à 20 m, parce que mon saut sur dix foulées, c'est 20 m + 10 pieds, un autre à 35 m pour mes sauts sur seize et un à 45 m pour mon élan complet sur vingt foulées. L'échauffement se passe super bien : deux sauts sur dix, deux sauts sur seize puis deux sur vingt en demandant un fil à 5,80 m, où je passe largement. Je commencerai donc le concours à 5,76 m. Je range mes perches, c'est parti pour l'attente. Assez longue.

Quand vient mon tour, hop, je passe 5,76 m au premier essai. Je fais l'impasse à 5,81 m, l'Anglais Luke Cutts passe la barre, Thiago Braz échoue, lui, trois fois. Ne reste donc déjà plus contre moi que Cutts, qui tente 5,91 m et rate son premier essai. Moi, je passe au premier avec une 14.3, celle de mes 6,08 m à Bydgoszcz. J'attends pour 6,01 m et je vois Cutts qui impasse pour essayer 5,96 m. Et là, je me retourne vers Val et je lui dis : « Je ne sais pas ce qu'il fout, Cutts, ça ne sert à rien, de toute façon, je vais battre le record du monde ! » Val m'a regardé avec des grands yeux pleins d'incompréhension parce que ce n'est pas du tout mon genre d'annoncer des trucs comme ça pour fanfaronner. De fait, Cutts rate à 5,96 m et ça devient mon moment, seul en piste. Les 6,01 m sont l'objectif de la journée. Au premier essai, je prends une 14.0 pour la première fois en compétition. Ça ne passe pas. Au deuxième essai, rebelotte, je ne me mets pas bien dans ma perche et j'emmène la barre en montant. Je me dis : « Merde ! il faut que je me bouge ! »

En bout de piste, pour le troisième essai, je me suis mis en tête que rien ne comptait, ni la technique, ni le beau, mais il fallait que je passe. Le speaker, je me le suis fait traduire par la suite, lançait à ce moment-là en russe : « Allez, petit, t'es là pour faire mieux encore, quelque chose de plus grand ! » J'ai pris 5,15 m de levier. À l'impulsion, j'ai appuyé tout ce que je pouvais, je suis passé avec un saut rageur, désaxé, mais j'étais soulagé. Je vais alors à la table de marque et je leur demande logiquement 6,16 m. Quand les spectateurs ont vu ça s'afficher, ils sont devenus comme dingues. Ils se disaient qu'il pouvait se passer quelque chose, qu'ils allaient peut-être assister à un truc historique. Pouvoir tenter ce record du monde dans la salle de Sergueï Bubka, dans le meeting organisé par Sergueï Bubka, dans la ville de Sergueï Bubka, où il a construit toute son histoire, et sous les yeux de Sergueï Bubka, avec son assentiment et son soutien, porté par tous ses fans à lui, c'est quelque chose.

Je dis alors à Val de me sortir de son étui ma 13.8. Je prends mes cinq minutes, je me mets à l'abri, je me calfeutre, je redescends intérieurement, dans ma musique. Une phase de calme mais pas avec de la musique calme. Je change souvent mes playlists mais il y a toujours trois ou quatre morceaux qui restent, dont « Levels » d'Avicii. Et je me mets souvent cette musique avec laquelle je saute en salle, dans les meetings où on nous autorise à mettre notre bande-son, je la mets mais en l'arrêtant au moment où je lance mon saut. Comme une prévisualisation… auditive. Puis je

À quatre ans, j'avais déjà une perche en main.

Au retour de Londres, en 2017, j'immortalise un moment unique avec ma fille Iris, âgée alors de seulement trois semaines, comme mon père l'avait fait avec moi.

À dix-huit mois, Gabin imite déjà son papa...

Septembre 2023. Savoir profiter de la famille en dehors des pistes.

Mes débuts à haut niveau en 2008.

Mon premier 6 m sous le ciel bleu de Leiria (Portugal), en 2009.

Trop rapide pour le photographe en 2011, lors des 6,03 m à Paris-Bercy.

Une vue inhabituelle qui met en avant la flexion de la perche et notre position tête en bas au-dessus du butoir.

Championnats du monde 2017 à Londres, juste pour la beauté du stade.

« Bienvenue au club », la phrase de Jean Galfione, au moment où je suis sacré champion olympique.

JO de Londres 2012, au-dessus de la barre, la délivrance.

L'émotion quelques minutes après le titre olympique avec ma femme, mon frère et mon pote.

La photo mythique des 6,16 m à Donetsk, le 15 février 2014.

Quelques secondes après le saut, je n'y croyais toujours pas.

Je revois le saut à 6,16 m avec Bubka... Comme un gamin !

Une rencontre légendaire avec Michael Jordan grâce à mon ami Tinker Hatfield.

La perche, c'est aussi venir là où on ne nous attend pas…
Ici dans un centre commercial aux États-Unis.

Une opportunité incroyable de sauter devant la Tour Eiffel après le record du monde.

Un saut improbable sans filet entre les perches du stade Michelin, à la mi-temps d'un match de coupe d'Europe de rugby.

Moment magique lors du tournage avec Cédric Klapisch
autour du puy de Dôme.

JO de Rio 2016, la beauté du geste.

Le soutien de Phil et Anaïs dans un moment surréaliste, lorsque le public me siffle aux JO de Rio en 2016.

Arrivé aux JO de Tokyo en 2021 avec une cheville gauche blessée, je me strappe aussi le pied droit à la suite d'une talonnade à l'échauffement. Quand ça veut pas...

Mondo m’accompagne après mon dernier essai à Tokyo. J’ai tout donné.

Mon autre passion, la moto.

Mon rêve d'enfant concrétisé,
avoir un sautoir dans mon jardin.

Le vélo en guise de préparation foncière
depuis des années.

ENVOL, le club que j'ai créé.

Julien, René, Anaïs, Phil, Dim, Benji, une belle équipe.

Comme en lévitation avec mes sept trophées Diamond League...
Je suis toujours le seul au monde à en détenir autant pour le moment.

6,15 m, 6,16 m, 6,23 m et plus… Une photo de légende.

Un moment de partage inoubliable à Clermont-Ferrand,
juste après le record du monde de Mondo à 6,22 m.

remets mon téléphone avec les écouteurs dans mon sac, je prends ma perche, je me mets en bout de piste, je mets de la magnésie sur mes mains et je pars. Une foulée, deux foulées... Entre la deuxième et la quatrième foulée, je me suis dit : « C'est super bien parti », alors que je n'avais encore rien fait. Et après, c'est comme dans un conte de fées. Papapam, papapam, ça avance, papapam, je passe à 17,50 m pour les six dernières foulées et arrive le décollage, le moment le plus important. Je ne me pose plus aucune question.

Je ne me suis pas élancé en me disant que j'allais battre le record du monde au premier essai. Pour tout dire, ce record, je me le suis déjà imaginé plein de fois, avec plein de scénarios différents, tous plus alambiqués les uns que les autres, toujours au troisième essai, avec la barre qui tremble de partout, avec plein de suspens et un maximum de frissons. Mais là, c'est pour de vrai. Je suis dans mon saut, je décolle et, étrangement, j'ai un grand blanc, je me réveille en redescendant. C'est-à-dire que si je ne revois pas ce saut en vidéo, je n'ai aucune vision précise de ce que j'ai fait. Il y a comme une rupture de l'image d'une ou deux secondes. En fait, il n'y a pas de saut parfait à la perche. Mais, ce jour-là, je ne pouvais pas faire de meilleur saut. La bonne perche, que je n'avais jamais utilisée avant en compétition, le bon levier, la bonne course, le bon décollage, la bonne technique. Et puis à aucun moment je suis proche de toucher cette barre. Quand je me réveille, je retombe et je vois la barre qui s'éloigne de moi, sur ses taquets. C'est un scénario tellement idéal que je ne l'ai même jamais rêvé. Parce que même dans nos rêves, notre subconscient nous impose une forme de réalisme. Je ne réalisais pas. Je me demandais comment j'avais fait. C'était trop beau. C'était magique.

* * *

La décharge d'endorphine dans mon cerveau est alors probablement comparable à celle que j'avais vécue à Londres moins de deux ans plus tôt. Mais pas identique. C'est pour ça que je n'ai jamais aimé hiérarchiser les deux. Ce sont deux émotions différentes. À Londres, quand je passe 5,97 m, l'émotion est associée à la victoire et à la rage de vaincre qui sort de moi. J'exulte parce que j'étais dos au mur, au troisième essai, avec un raté qui me laisserait à la troisième place ou une réussite qui me ferait champion olympique. C'est incomparable. À Donetsk, je n'ai pas de pression à passer cette barre absolument à cet instant. Si je rate ce saut, dans l'absolu, j'ai d'ailleurs encore deux tentatives. À Londres, je m'inscrivais dans une histoire française, après Pierre Quinon et Jean Galfione. À Donetsk aussi, après les records du monde d'Houvion, de Quinon et de Vigneron. Mais dans un contexte qui n'a rien à voir. Il n'y a pas le côté solennel et un peu indémodable des Jeux olympiques, tous les quatre ans. Sauf qu'on est chez

Bubka. Sergueï a alors le record du monde depuis trente ans. Je sens bien qu'il y a quelque chose de magique dans ce conte du petit Cognaçais qui vient détrôner l'ogre qui a martyrisé des générations de sauteurs à la perche en mettant la barre si haut que, longtemps, personne n'a cru possible de le dépasser. Rien ne me prédestinait à ça. D'une certaine manière, à Londres, je sautais pour écrire mon histoire alors que, à Donetsk, je sautais pour écrire l'histoire tout court.

Le titre olympique, vous le gardez toujours. Pas le record, vous n'êtes qu'une ligne. Le titre olympique, on vous remet une médaille, c'est très concret. Le record du monde, on ne vous remet rien. Le titre olympique, c'est le résultat d'un concours entre douze perchistes, que vous gagnez le jour J. Le record du monde, c'est un match virtuel, en l'occurrence contre quelqu'un qui a pris sa retraite, mais contre ce qu'il a été à son apogée. Vous ne savez jamais combien de temps vous garderez un record. Trois semaines ou dix ans. Le titre olympique, vous avez une chance tous les quatre ans et c'est ouvert à beaucoup de monde. Alors que plein de champions olympiques n'ont jamais été recordman du monde. À titre de comparaison, j'ai tenté trois fois d'être champion olympique alors que j'ai dû tenter quinze fois de battre le record du monde. Si, demain, je veux le retenter, je peux. Ça n'aurait absolument aucun sens, mais personne ne m'en empêchera.

Ce jour-là, à Donetsk, j'ai immédiatement eu conscience que tout s'était aligné et qu'il me serait difficile de le reproduire. Mais c'est aussi un saut extrêmement propre, passé très nettement, qui a ouvert pas mal de spéculations. Avec cette question : est-ce qu'il n'y avait pas là de quoi passer 6,20 m ? Donc je ne me dis pas alors que je ne le rebattrai plus jamais. Je n'utilisais mes nouvelles perches que depuis trois mois et je pensais logiquement avoir encore une marge de progression. Je sais que, par la suite, en 2015, à Berlin et à Prague, j'ai eu des tentatives à 6,17 m très intéressantes. J'avais le niveau mais pas les réglages. Je n'ai jamais réussi à reproduire tout ça. Pour plein de raisons. Notamment parce que je n'ai pas pris le temps de repasser par des étapes. En extérieur, par exemple, je ne suis jamais allé chercher des conditions optimales pour passer entre 6,10 m et 6,15 m et générer une dynamique. Je passais toujours directement de 6 m à 6,17 m sans valider quelque chose d'intermédiaire. Mais c'est toujours facile a posteriori. Quand vous voyez l'enthousiasme que déclenche dans le public une tentative de record du monde sur une compétition, vous ne pouvez pas avoir de regret de le tenter.

Enfin, quand je dis « immédiatement », j'exagère un peu. Dans la prise de conscience de l'événement, il faut dissocier deux choses. Quand je redescends de là-haut, je sais que j'ai passé 6,16 m. Quant à réaliser vraiment que c'est un record du monde, c'est autre chose. Il m'a fallu du temps après Donetsk. Tout comme il m'avait fallu du temps après Londres. Il faut même encore plus de temps pour que toute la discipline, les jeunes perchistes en construction, les coaches... digèrent ce record. Il est extrêmement probable que ce que j'ai fait à Donetsk a ainsi désacralisé les performances de Bubka et ouvert la porte à la génération suivante. Mais ça, il faudrait le demander à Mondo Duplantis.

En tout cas, à Donetsk, quand je redescends du tapis, je me prends la tête dans les mains mais je ne cours pas dans tous les sens. Parce que mon cerveau ne peut pas assimiler pleinement, à ce moment-là, ce qui vient de se passer. Quand Sergueï descend de sa loge pour me féliciter sur la piste, il a un sourire magnifique et il me demande : « Comment tu te sens ? » Et moi, je ne peux que lui répondre : « Je n'en sais rien... » En fait, ce sont les éléments extérieurs qui changent votre perception et placent réellement la barre à la hauteur de l'événement. C'est l'onde de choc qui suit qui permet de mesurer l'impact. En imaginant que je sois rentré directement chez moi après ces 6,16 m pour reprendre ma vie normale, je me serais juste dit que j'étais le nouveau recordman du monde. Mais je n'ai pas repris tout de suite une vie normale.

* * *

J'ai rencontré Cédric Klapisch deux semaines avant Donetsk, le jour de mon départ pour le meeting de Bydgoszcz, en Pologne. On était le matin, dans un café parisien, et si je n'avais pas eu mon avion à prendre, je pense qu'on y serait encore en train de discuter. Peu de gens savent que Cédric a fait de la perche quand il était jeune. Il n'était pas mauvais d'ailleurs, il faisait 4,70 m et sautait dans les championnats d'Île-de-France contre Thierry Vigneron, rien que ça. C'est un truc de fou quand on y pense. Quelle était la probabilité pour que l'un des plus grands cinéastes français, en tout cas un de ceux dont je suis le plus fan, ait, par le plus grand des hasards, fait du saut à la perche dans sa jeunesse ? Forcément très faible.

Cédric m'explique, ce matin-là, qu'il a un objectif de documentaire avec moi à long terme, pour les JO de Rio 2016. Selon lui, on n'a pas encore filmé la perche comme on aurait pu. Et je comprends très bien ce qu'il veut dire. Le championnat en lui-même, celui que les téléspectateurs voient en direct, l'intéresse finalement assez peu. Il veut mettre en avant des situations, notamment à l'entraînement, tout ce qu'on ne voit pas. Or lui a la compréhension de ce qu'il y a derrière. Pour moi, ce projet est une chance incroyable. Ça matche tout de suite entre nous lors de cette première rencontre. Les deux personnes qui nous accompagnent, Julien Galland, mon ami et conseiller, et Victor Robert, journaliste et producteur pour Canal, disparaissent assez vite au second plan de notre discussion. C'était juste Cédric et moi, on n'a rapidement plus eu besoin d'intermédiaires.

En rentrant de Bydgoszcz, après mes 6,08 m, j'ai donc Cédric au téléphone et je lui dis : « Franchement, s'il y a une compétition où il faut que tu viennes, c'est Donetsk, parce que Sergueï Bubka, parce que l'histoire, son record à 6,15 m qu'il a établi là-bas en 1993, le fait que je vais probablement m'y attaquer... » Tout ça parle évidemment à Cédric, sa pratique de la perche remonte à l'époque de Bubka justement. Il cherche donc très vite comment faire pour venir. Et Canal lui trouve un budget. Il débarque ainsi à la dernière minute à Donetsk, la veille de la compétition. Dès le samedi matin, il me filme dans ma chambre et il ne me lâchera plus jusqu'à la fin de mon périple, de retour à Paris le lendemain. Mais du fait du record, ça se transforme très vite pour lui en tour de force. Car après mes 6,16 m, Canal l'appelle pour lui dire qu'il a vingt-quatre heures pour boucler un 26 minutes.

Vous avez parfois le sentiment que rien ne va, que les emmerdes s'accumulent et qu'on ne peut pas lutter. Mais vous avez aussi des cas où tout rigole. Cédric était là, qui filmait lui-même les coulisses de l'exploit, et on avait les droits image du meeting. Il a bossé comme un dingue et le dimanche soir, bing, Canal diffusait *L'Élévation*, le film de Cédric Klapisch. C'est un film exceptionnel qu'il m'arrive encore de revoir. Il a rajouté des plans jusqu'au dernier moment, notamment de mon arrivée à Paris, face à la meute des journalistes qui m'attendaient quand les portes du terminal se sont ouvertes à Roissy. Cédric avait bien plus que le record du monde, il avait l'histoire du record du monde, dans son intimité, dans ma chambre, dans le bus, à l'échauffement, l'après, le voyage, les médias. Avec son regard, sa façon de filmer. Pour moi, c'est un privilège.

Au bout du compte, j'ai donc eu deux films de Klapisch sur moi. Mais Cédric s'est posé beaucoup de questions pour le second. Il a mis du temps avant de redémarrer. Au bout du compte, là encore, ça sera une expérience incroyable. Les images quand je saute en bas du Puy-de-Dôme sont folles. Pour moi, c'est de l'art. Il m'a filmé à Portland, au cœur de la machine Nike, en Chine, à Aubière, pas que dans les bons moments, à l'entraînement. Dans l'ombre, en salle de muscu, au soin entre les mains de mon kiné Dimitri. Et dans la lumière aussi, une lumière dingue de fin de journée sur un sautoir sur fond de volcan, avec son drone qui me tourne autour. Franchement, peu ont eu la chance d'être filmés comme ça par un grand réalisateur de cinéma.

* * *

De l'ombre à la lumière, et vice versa, on dit qu'il n'y a jamais très loin. Je me souviens très bien du choc que j'ai eu quand j'ai vu les images de la Droujba Arena de Donetsk attaquée par les troupes pro-Russes, quelques semaines après mon record du monde. Il y a eu plusieurs étapes. Elle a d'abord été endommagée, partiellement brûlée, puis franchement détruite. C'était l'endroit où j'avais vécu l'un des plus grands moments de ma vie, si ce n'est le plus grand. Surtout, j'avais eu un moment de partage incroyable avec les Ukrainiens. Des gens qui ne parlaient pas français, 5 000 personnes biberonnées aux exploits de Bubka, l'enfant du pays, qui scandaient mon prénom : « Renaud ! Renaud ! Renaud ! » C'était très fort, cette communion, presque inattendu.

En voyant les dégâts commis par ces bombes, j'ai évidemment pensé à Sergueï, ses amis, ses proches, les gens de l'organisation du meeting que j'avais côtoyés. C'était inimaginable quelques semaines plus tôt. Et la situation ne s'est jamais améliorée dans le Donbass ensuite. Ma plus grande tristesse, c'est de n'avoir jamais pu y retourner. J'aurais adoré y revenir dès l'année suivante. J'aurais même presque été prêt à payer pour ressauter là-bas car ces émotions n'avaient pas de prix. C'était le plus grand meeting de perche au monde. Sergueï a envisagé de le délocaliser à Kiev pour 2015 mais ça n'a jamais été possible. On voulait construire un truc ensemble, un enchaînement avec un All Star Perche à Clermont. Au final, mon All Star a été une manière de faire perdurer cette flamme.

Je rêve toujours de retourner à Donetsk, je garde l'espoir que ce soit possible un jour. Ça fait dix ans maintenant. Personne ne peut prédire ce que deviendra cette région. Je sais que je n'y ressauterai plus jamais mais je sais que j'irai à nouveau là-bas un jour car c'est un bout de ma vie qui compte beaucoup. C'est tout ce que je me souhaite mais c'est surtout tout ce que je souhaite aux Ukrainiens car ce sera bon signe pour eux, la fin d'un interminable cauchemar. À chaque fois que je pense à l'ambiance qui m'a accompagné cette journée-là, je me dis qu'il y a forcément un certain nombre de personnes présentes dans le public en scandant mon nom qui sont mortes sous les bombes dans cette guerre. J'y pense, oui.

CHAPITRE 9

JULIEN ET RENÉ

Conseiller, agent, équipe, amis,
éco-système, gains, médias…

L'impact médiatique de mon record du monde a été monstrueux. Avec mes 6,16 m, j'ai fait la Une de très nombreux journaux généralistes, en France et même à l'étranger. Le tweet que j'ai fait dans la foulée, à Donetsk, a été un record de reprise à l'époque. On était alors mi-février 2014, en plein Jeux olympiques d'hiver à Sotchi, pas très loin de Donetsk d'ailleurs, de l'autre côté de la frontière. Mais mon record passait devant les JO. La Une de mon exploit a constitué par exemple la plus grosse vente de *L'Équipe* de cette quinzaine olympique hivernale. C'en était tellement bizarre que j'ai remarqué, autour de moi, que les gens ne comprenaient pas. Beaucoup pensaient que j'avais fait ça aux JO d'hiver. C'est drôle. Ou pas. C'est une question de point de vue, mais ça dit quand même quelque chose du poids de l'athlétisme par rapport à d'autres sports olympiques.

Quand Anaïs m'a rejoint à Paris, elle est venue me retrouver à l'aéroport. Elle m'appelle pour me demander à quelle porte j'arrive et là je l'entends me dire : « Ah ! non mais c'est bon, laisse tomber, je vois, je ne peux pas approcher, y a trop de monde, c'est la folie ! » Une forêt de micros, de caméras, d'appareils photos... Quand on a réussi à monter dans un taxi pour aller à l'hôtel, j'ai vu un mec avec une caméra qui nous suivait sur une moto, comme un président de la République un soir d'élections. J'aurai donc vécu ça une fois dans ma vie. Mon sponsor m'a logé dans un palace parisien. Tout le monde me voulait. Ma photo s'affichait un peu partout. C'est simple, en termes de retombées, c'est incomparable avec mon titre olympique. À Londres, deux ans plus tôt, il y avait d'autres très grands champions français titrés : Teddy Riner, Tony Estanguet, les handballeurs, Florent Manaudou, Camille Muffat ou Yannick Agnel... L'impact avait été plus lissé. Je suis champion olympique le 12 août. Le 14, c'est au tour du hand et on ne parle plus de moi. C'est la beauté des Jeux. Pour mon record du monde, il n'y a pas de concurrence réelle, on est dans un creux à Sotchi. Mais je crois que ça tient beaucoup au mythe Bubka déboulonné, ça parlait à tous les fans de sport, et pas qu'à eux.

J'ai mis un peu de temps à retrouver ma tranquillité. Ma chance, c'est de vivre à Clermont, une ville calme où le rugby est dominant, surtout à l'époque, et d'être d'un naturel casanier. Je n'ai pas fait la tournée des grands-ducs à Paris. Avec mes béquilles, je n'avais de toute façon pas le choix. Si je suis rentré de Donetsk avec des béquilles, c'est parce que le concours s'est terminé un peu bêtement. Après avoir passé 6,16 m, j'ai en effet demandé 6,21 m. Ce n'est pas habituel, je crois qu'aucun recordman du monde n'a jamais fait ça mais c'est ma façon de fonctionner, je l'ai déjà dit. Je ne me suis jamais arrêté sur une barre franchie, j'ai toujours cherché à explorer plus haut, profiter de la forme du jour et de l'opportunité, comme un investissement sur l'avenir. C'est quelque chose d'assez incompris, je le sais. Bubka, qui était là, n'a pas vraiment compris d'ailleurs. Duplantis ne ferait jamais ça non plus. On m'a souvent traité de fou, ce que je suis peut-être. Mais c'est ce qui m'a permis d'en arriver là.

* * *

À ce moment-là, à Donetsk, je ne pouvais pas imaginer que je ne ferais jamais mieux de ma vie. Quand je tente 6,21 m, je suis lucide sur le fait que je ne passerai probablement pas ce jour-là. Mais j'ai l'occasion de prendre des repères à une hauteur jamais tentée par personne, à plus de 6,20 m. Ce qui est con, c'est que je me blesse. Je ne suis plus assez concentré, ce qui se comprend, et je ne pousse pas assez mes premières foulées. Je suis donc beaucoup trop loin au passage des six dernières foulées, à 18,20 m du butoir contre 17,50 m pour le record. Et ce qui devait arriver arrive. Le saut ne peut pas se déclencher. La perche ne se cale pas dans le butoir mais au-dessus, dans le tapis. Quand tu es lancé à 10 m/s, il y a beaucoup d'énergie. Et comme le point d'ancrage est trop haut, la perche ne monte pas. Normalement, quand elle se redresse après flexion, elle se déplie vers le haut. Mais là, elle me renvoie en arrière. L'onde de choc est telle que je lâche la main basse, mais je garde la main haute et, pendant que je suis pendu, c'est comme un film au ralenti, j'analyse où je me situe.

Comme c'est une piste surélevée, il y a une bordure, et ma crainte est de retomber sur le bord et de me faire très mal. Je retombe plutôt bien, sur le pied gauche. Mais à l'impact, si ma cheville ne bouge pas, la chair du talon s'ouvre dans la chaussure sous la pression au sol. Je ne m'en rends pas compte immédiatement. Je me relève et je me dis que ça va. Et puis je sens quand même un truc. Je regarde ma chaussure, elle est intacte, je passe un doigt à l'intérieur et il ressort rouge. Je pars aux vestiaires avec Julien Galland, mon conseiller et ami. J'enlève la chaussure, la chaussette, c'est ouvert sur huit centimètres. Comme j'ai pas mal de sollicitations médiatiques à assurer, on bande mon pied comme on peut. Pendant ce temps, Julien l'annonce à Sergueï, qui appelle ses connaissances et prévient un médecin de confiance. La suite est assez surréaliste après un record du monde.

J'arrive à l'hôpital de Donetsk en ambulance avec Julien et mon agent René Auguin. On se retrouve dans une pièce immense, qui doit faire 40 m^2, avec juste la radio dans un coin. On me fait enfiler une sorte de gilet contre les radiations. Clairement, on était très loin du système hospitalier français. Mais bon, rien de cassé. On me pose ensuite sur une table, pareil, au milieu d'une grande pièce vide, pour me désinfecter. Le docteur commence à me recoudre. J'ai mon téléphone, j'en profite pour lire mes messages, prendre une photo et dire que je suis en train de me faire recoudre. Et là, je vois soudain le médecin en panique. Après trois points, il y en a un qui lâche. Il fait venir la traductrice pour expliquer qu'il va devoir faire différemment. Au total, il me fera seize points de suture. 6,16 m, 16 points, je n'ai jamais eu de mal à me souvenir. Puis on leur demande s'ils ont des béquilles pour que je rentre à l'hôtel et ils répondent que non. René sent bien le truc, il s'approche et leur dit : « Mais y a pas de problème, je paie... ! » Et ils lui disent alors : « Ah ! bah si, oui, tenez, en fait, y en a là ! »

* * *

C'est le moment de parler de Julien et René, deux personnes capitales dans ma carrière. Pour bien faire, je devrais même y ajouter Benjamin Soreau, qui a rejoint René, prenant de plus en plus de place au fil des ans au point qu'ils sont désormais associés. Mes premiers contacts avec Julien remontent à 2009, peu de temps après Leiria. À l'époque, il était responsable des athlètes pour Nike France. Moi, j'avais signé un contrat de deux ans avec Asics, début 2008. Georges Martin, qui me coachait alors, avait bien parlé de moi à Julien mais je ne pesais rien à l'époque, personne ne me calculait et ne misait sur moi, ce que je comprends d'ailleurs. Julien avait donc répondu que si j'avais une possibilité avec Asics, il ne fallait surtout pas que j'hésite. Mais en 2009, la donne a changé. Nike et Asics se sont retrouvés en concurrence. J'ai été honnête avec Julien en lui disant que même si Asics proposait moins, malgré l'effort qu'ils concédaient, je voulais leur être fidèle car ils avaient été les premiers à croire en moi. Mais quand Julien est passé de 15 % à 30 % d'écart, c'était compliqué de refuser. On a signé en décembre 2009. À partir de là, il est devenu mon contact privilégié avec la marque. Je suis entré dans une période sportive faste et, avec Julien, on est allés au-delà de simples contrats.

Julien a ensuite quitté Nike pour gérer de l'événementiel et des athlètes. Il a monté sa propre boîte, s'est occupé ou s'occupe encore de certains des meilleurs triathlètes ou VTTiste français, comme Vincent Luis, Léo Bergère ou Loana Lecomte. Il est devenu aussi mon attaché de presse, m'a aidé en 2016 à monter concrètement le All Star Perche et il contribue grandement à sa réussite… Mais, surtout, Julien est devenu un ami qui compte, une des rares personnes qui sait quasiment tout de ma vie perso, pas seulement pro. Je peux me confier à lui, lui parler sans filtre, de tout. Il est l'un des seuls à pouvoir tout me dire. Quitte à me blesser, mais c'est important, c'est pour mon bien, il sait me pousser à me remettre en question, à ravaler mon amour-propre – à l'été 2021, par exemple, après Tokyo, c'est à la suite d'une longue conversation au téléphone où on s'est dit les choses que j'ai accepté de mettre un terme à ma saison ; ou à renoncer très en amont à la saison en salle 2023. Julien a tout vécu de l'intérieur. Au retour du record du monde, il a tout géré, c'était intense, pressant, mais kiffant. Comme quand il me met en relation avec les frères Hatfield, les grands designers de Nike, qui se lancent dans une coopération avec moi pour réaliser des pointes. Ils sont des maîtres incontestés dans leur domaine. Tinker a conçu la Air Jordan, la chaussure de *Retour vers le futur*, celle de Federer... Et en plus, il a fait de la perche jeune. C'est à croire que tout le monde a fait de la perche !

Mais c'est dans les galères qu'on mesure le plus ce que peut faire votre encadrement. À Rio, aux JO de 2016, Julien a dû gérer une situation extrêmement délicate quand il a fallu que j'aille m'expliquer sur le plateau de TV Globo, la grande chaîne nationale brésilienne. J'en reparlerai bientôt. On ne souhaite jamais vivre ces moments-là mais ils révèlent les gens. Comme lors de ma blessure à Donetsk, Julien a switché très vite pour s'occuper de tout. Son rôle est finalement multiple. Sur la gestion des perches, il a été souvent efficace, il m'a beaucoup dépanné. Il connaît bien le circuit et ses acteurs, les équipementiers, les agents et les organisateurs. Sur un championnat, il va gérer ma famille et mes proches. Bref, son boulot est de me mettre dans les meilleures conditions.

En 2020, Julien se trouvait également bien sûr à mes côtés pour gérer mon dossier équipementier. Mon contrat avec Nike arrivait alors à son terme. J'ai eu une histoire incroyable avec Nike mais elle ne s'est clairement pas finie comme elle aurait dû. On m'a reproché de traiter directement avec l'international car j'avais un contact privilégié avec les responsables à Portland, mais j'aurais dû le faire jusqu'au bout. Nike France m'a laissé sans réponse pendant des mois. J'en ai déduit que je ne les intéressais plus. Après dix années avec eux, je ne demandais pas un contrat d'ambassadeur à vie, mais au moins autre chose qu'un silence radio.

Puma a alors été quasiment le seul à se positionner. Pascal Rolling, le responsable Athlétisme de la marque, a une super image dans le milieu. Il avait signé Mondo, il y avait donc une connexion intéressante à exploiter. Ces dernières années, Puma, qui a longtemps été étranger à la perche, a fait des gros progrès sur le matériel. Ils m'ont proposé un contrat de deux ans plus deux ans que j'ai accepté. J'ai eu un message de bienvenue rapidement du CEO de l'époque, Björn Gulden, une marque d'attention qui m'a touché. À peine signé, j'ai fait un super hiver 2021, repassant 6 m puis 6,06 m au All Star Perche en février. C'était la preuve que je n'étais pas fini.

* * *

Avec René, puis avec Benjamin, qui s'entendent très bien avec Julien, mon microcosme s'est ainsi créé à cette époque, il y a une quinzaine d'années, un petit groupe de personnes auxquelles je suis resté fidèle et qui sont aujourd'hui des proches, présentes à mon mariage, avec qui j'ai tout vécu et avec lesquelles je sais que je resterai en contact quand j'arrêterai la perche. C'est Georges Martin qui m'avait mis en contact avec René à l'hiver 2008, pour participer au meeting de Bercy. René travaillait avec d'autres perchistes du groupe, Romain Mesnil, Damiel Dossevi… comme avec tout l'athlé français en fait. À Bercy, je me suis qualifié pour les Mondiaux indoor de Valence, ma première sélection chez les grands, j'entrais tout doucement dans une nouvelle dimension. Je me souviens que mon père s'était interrogé sur l'intérêt d'avoir un agent qui prend un pourcentage sur vos primes. C'est une question légitime que se posent beaucoup de personnes. Mais c'est un métier, et René connaît très bien le milieu. Avec Benjamin, ils sont vite devenus indispensables dans la construction de ma carrière. On a vécu tant de déplacements et d'histoires ensemble que le niveau de confiance atteint est total.

Ils ont tout de suite commencé à négocier des primes alors que je n'étais pas grand-chose, genre 1 000 ou 1 500 euros. Et puis ils m'expliquaient, une fois que j'ai fait 6 m, ce que je valais, que mes primes d'engagement étaient passées à 10 000 euros, puis, après mon titre olympique, qu'elles avaient encore doublé. René connaît parfaitement le marché depuis des lustres, depuis qu'il a travaillé dans les années 1990 avec Jean Galfione, Christine Arron, Hicham El Guerrouj... Il sait tout des primes, des organisateurs, il est très apprécié du milieu où il a une forme de pouvoir. À mon meilleur, c'était facile, je pouvais entrer dans tous les meetings sans problème et à mes conditions, c'était chouette. Cela supposait de faire le métier en dehors de la piste, les conférences de presse, des activations avec des jeunes la veille, avec des sponsors après la compétition. Un package pour valoriser l'événement. Avec, au cœur, assurer le spectacle sur la piste, bien sûr. Or, j'ai été extrêmement régulier, pas une valeur aussi sûre que Duplantis aujourd'hui, mais comme il y en a eu peu quand même. Je ne me satisfaisais jamais d'une victoire quelconque. Avant toute compétition, je me renseignais sur le record du meeting pour en faire un objectif et j'en ai battu à la pelle.

René est à l'opposé du cliché qu'ont certains, à tort, sur l'agent « négrier » qui vit au crochet de son athlète. Je crois que je suis l'athlète qui lui a fait gagner le plus d'argent. Mais ce n'est pas une affaire d'argent entre nous. On a une relation privilégiée, on est allés ensemble aux quatre coins du monde et il a toujours tenu à payer l'addition au resto. Avec Benjamin, ils n'ont cessé de me trouver des solutions logistiques. Ils sont une mini-agence de voyages à eux seuls. Leurs liens avec les organisateurs font que je n'ai quasiment jamais partagé ma chambre sur les meetings alors que j'ai vu pas mal de champions devoir le faire. Mais c'est depuis que mes performances ont globalement baissé, depuis que mon statut a changé, ces dernières saisons, que je mesure le plus leur boulot. Je n'ai jamais cherché à négocier avec eux mes primes, je ne les ai jamais contestées. D'abord parce que je sais que leur rémunération en dépend. Mais surtout parce qu'ils sont super compétents. Et foncièrement honnêtes. Bien plus que certains athlètes qui leur doivent de l'argent. La longévité de René dans le milieu plaide pour lui, il a la confiance des athlètes comme des organisateurs. Je ne me suis jamais posé la question de changer d'agent.

* * *

Je n'ai jamais fait de la perche pour gagner plein d'argent. Mais j'ai la chance que cette passion m'en ait rapporté pas mal. Il m'est donc totalement impossible de me plaindre. J'ai gagné suffisamment d'argent pour avoir fini de payer ma maison et pour investir dans deux ou trois biens immobiliers et financiers. Mais pas suffisamment pour me mettre à l'abri jusqu'à la fin de ma vie. Une fois ma carrière professionnelle terminée, je n'aurai sûrement pas plus de cinq ans devant moi avant de devoir gagner ma vie avec un autre métier. On est très loin des chiffres du foot ou même du rugby. Parce qu'en athlé, pour commencer, on n'est pas salarié d'un club. Il n'y a pas de marché pour ça, de mercato, de surenchères entre clubs. La Fédération française a juste mis en place, depuis déjà quelques années, un statut professionnel pour qu'on puisse bénéficier des avantages de tous les salariés, par exemple l'arrêt maladie. On est une cinquantaine en France, mais c'est une très petite somme, la même pour tous indépendamment de notre palmarès, autour de 1 500 euros par mois. Pour arriver à un salaire mensuel de 20 000 euros comme un joueur lambda de sport pro collectif, c'est à moi de créer des revenus.

Nos rentrées financières sont globalement extrêmement dépendantes de nos performances. L'économie de l'athlétisme s'est construite comme ça. Nos contrats équipementiers, notre première source de revenus, tournent autour de la performance. Et le gros complément que l'on peut avoir vient des compétitions elles-mêmes. Or les primes à la participation et les primes au résultat sur ces compétitions sont évidemment également liées aux performances. Dès que vous êtes moins performant une année, vos revenus descendent drastiquement. Car on ne va pas te payer si tu n'es pas bon, même si c'est le fait d'une blessure contre laquelle tu ne peux rien, même si c'est transitoire. Or la blessure fait partie de la carrière. Sous l'impulsion de quelques championnes, dont Allyson Felix, les femmes ont obtenu des aménagements de leurs contrats en cas de grossesse. C'est une évolution non négligeable car la logique du système, c'est vrai, a toujours reposé sur la performance.

Pour diversifier les sources de revenus, on cherche en dehors des équipementiers traditionnels mais ce n'est pas si simple car notre sport ne permet pas d'en afficher beaucoup sur nos tenues. On a obtenu de faire évoluer les règles pour avoir le droit d'en apposer désormais deux de plus que l'équipementier. C'est une bonne avancée. Il y a dix ans, il n'y avait que l'équipementier. Si une boîte acceptait de mettre 100 000 balles sur moi, elle n'avait aucune visibilité sur le maillot. Comparativement, c'est beaucoup plus pro en triathlon, par exemple, où ils peuvent bien mieux mettre en valeur leurs partenaires. Pour réussir à démarcher et trouver des sponsors, l'athlète doit aussi s'organiser tout seul, créer sa propre cellule, s'en remettre à ses agents... Or tout le monde est en concurrence sur un marché finalement restreint.

Je comprends qu'il puisse y avoir de la frustration dès lors que des athlètes se comparent avec d'autres sportifs qui évoluent à un niveau nettement inférieur au leur dans leur sport mais qui gagnent nettement plus. Ça fait partie du jeu, le business du sport est ainsi, inégalitaire, on le sait. On sait que c'est la raison qui pousse pas mal de talents athlétiques vers d'autres sports, comme le foot US aux États-Unis, et on peut comprendre que des beaux gabarits optent chez nous plutôt pour le rugby que pour les lancers. Bref, c'est à l'athlète d'être stratégique pour séduire des partenaires et d'être bon en compétition.

J'observe que tout n'est pas non plus lié au palmarès et aux performances. Pour un sponsor ou un meeting, l'image passe aussi par d'autres éléments. Ils peuvent par exemple choisir de faire un meilleur contrat à une très jolie fille aux performances moindres que d'autres. Dans notre nouvelle société de consommation, les résultats sportifs ne sont plus le seul juge de paix. Parfois, l'engouement médiatique et économique s'emballe pour des jeunes très performants chez les juniors mais qui n'ont encore rien gagné chez les séniors. Avec le risque potentiel, d'ailleurs, que ça se retourne contre ces grands espoirs en leur faisant tourner la tête. Usain Bolt explique en partie comme ça, par ces gros contrats qui arrivent trop tôt, la chute de résultats de la nouvelle génération de sprinteurs jamaïcains.

* * *

En moyenne, un joueur de Ligue 1 gagne 100 000 euros par mois, donc 1,2 million par an. C'est dix fois plus au PSG mais passons. En athlé, ceux qui gagnent plus d'un million par an sont rares à l'international. Pour être totalement transparent, ça m'est arrivé au sommet de ma carrière. En 2015, j'ai gagné 1,4 million, dont 400 000 sont partis aux impôts. La moitié de ces gains venaient de mes compétitions, c'est-à-dire vingt-trois compétitions, dont dix-huit remportées. C'était ma plus grosse saison en termes de performances, avec dix-neuf concours à plus de 5,80 m, dont sept à plus de 6 m et six autres à plus de 5,90 m. L'autre moitié de mes revenus venait de mes partenaires, j'en avais trois à l'époque, Nike surtout, plus Michelin et Apurna, une boîte de nutrition sportive.

Aujourd'hui je gagne beaucoup moins bien ma vie en sautant à la perche, évidemment. Quand vous faites moins de perfs, vos contrats diminuent, c'est normal. Mon contrat équipementier est par exemple entre cinq et six fois moins important que celui que j'ai pu avoir au plus haut de ma carrière. Par ailleurs, toutes mes primes ont diminué. Je ne dois qu'au fait d'être bien entouré de ne pas sauter pour zéro euro en meeting. René fait très bien son boulot. De même que Julien continue à dénicher des partenaires, comme SCC, un groupe informatique qui a rejoint le All Star Perche en 2023 et m'aide en perso aussi. Je me suis assez tôt monté en société et c'est ma société qui me reverse un salaire. Ça m'a permis de capitaliser un peu sur mes années fastes et de compenser un peu aujourd'hui mes revenus.

Certains athlètes acceptent désormais de se vendre pour presque rien auprès de partenaires, une poignée d'euros, au risque de casser le marché. On le voit sur les réseaux sociaux, où ils promeuvent des produits pour rien. J'ai un peu de mal avec ce concept, je le reconnais. La mise en avant de produit n'est pas mon truc. Je suis un ambassadeur, pas un influenceur. On pourrait dire que je suis à l'ancienne. Peut-être. Mais si vous prenez Duplantis, il est quasiment inexistant sur les réseaux. Et il n'est pas le seul. Moi, j'aime bien, évidemment, mettre en avant ceux qui m'aident, c'est logique, mais j'ai surtout plus de contenus sportifs que publicitaires. J'ai d'ailleurs noté que c'est ce qui marche le plus, toutes mes petites vidéos sur mes préparations, sur les sauts... sans aucune arrière-pensée financière derrière. Mais je sais que faire un peu de commercial fait partie du jeu et que c'est une tendance lourde. Bref, dans cette balance-là, je suis plus à l'aise avec les médias, les interviews, les reportages, les docs, qu'avec les réseaux sociaux.

J'ai toujours essayé de jouer au maximum le jeu des médias. Après, il y a des moments où c'est plus compliqué, par exemple si vous êtes blessé. Il y a aussi des médias avec lesquels vous vous entendez moins bien, qui peuvent trahir vos propos ou les orienter. Mais globalement, j'ai tendance à ouvrir la porte.

Même quand tout n'est pas rose. Je n'ai, par exemple, jamais refusé de répondre à la fin d'une compétition, même quand je m'étais planté et même si c'était douloureux et que ça se voyait sur ma gueule. Parce que je suis authentique et que je considère que ça fait partie de mon métier. Je ne comprends pas ceux qui se plaignent de ne pas avoir plus de contrats et qui n'acceptent pas de jouer le jeu de la médiatisation et donc de la visibilité. De la même manière que les sponsors ne sont pas dupes sur votre niveau : si vous ne faites qu'une fois une grosse perf dans des conditions météo optimales, ou en altitude, faut pas rêver ; alors que si vous êtes régulier à haut niveau, ils ne passeront pas à côté de vous. Disons que je suis de l'ancienne génération mais je l'assume, on ne me changera pas.

CHAPITRE 10

RIO

*Médaille d'argent, fierté,
« Braz-il », huées, scandale,
polémique, regrets…*

Le jour où il fallait être bon, à Rio, j'ai été bon et je serai toujours fier de cette médaille d'argent olympique, en 2016. Très fier, même. Et ce n'est pas l'annonce du contrôle antidopage positif de Thiago Braz, en cet été 2023, qui risque de me faire changer d'avis. Les Jeux de Rio 2016 sont pour moi d'abord une aventure sportive de très haut niveau. C'est pour ça que je suis allé au Brésil et j'essaie au maximum de n'en retenir que ça. Mais je ne peux pas cacher que ce n'est pas toujours facile. Je ne suis pas passé loin d'une deuxième médaille d'or olympique, ce que seul l'Américain Bob Richards a réalisé à la perche dans les années 1950, mais Braz m'en a privé. J'ai gagné une formidable médaille d'argent en allant plus haut que mon record olympique de Londres mais le public m'a privé de ce bonheur-là. Je n'ai jamais remis les pieds au Brésil depuis et il n'est pour l'instant pas dans mes plans d'y remettre les pieds un jour. Comme j'ai l'habitude d'être cash, je vais l'être cette fois encore et dire une fois pour toutes ce que je retiens de toute cette histoire-là.

Pour commencer par l'aspect sportif, celui qui m'intéresse le plus, il faut rembobiner un peu. Quand j'arrive à Rio, c'est avec la frustration d'avoir raté le concours des championnats d'Europe à Amsterdam quelques semaines plus tôt. Avec un zéro pointé alors qu'il m'aurait suffi d'un saut pour l'emporter aux Pays-Bas. Après un échauffement convaincant avec un fil à 5,80 m, j'avais décidé de commencer haut, à 5,75 m, comme la plupart des compétitions de la saison. Mais je ne pouvais pas imaginer que personne n'allait passer 5,70 m et que j'allais donc me retrouver tout seul en commençant, à enchaîner mes sauts. C'était extrêmement bizarre. Tu as vite l'air con, comme si t'avais attendu que les autres soient éliminés pour commencer. Ça te rend forcément très sujet à la critique si ça ne se passe pas bien. J'aurais dû prendre moins de levier sur mes perches de 5,20 m, ce que j'ai un peu de mal à faire, pour assurer plus, mais jouer petit bras n'est pas la meilleure manière de devenir champion olympique, ce que je préparais. Il m'a manqué un rien de déplacement pour que ça passe. Comme une piqûre de rappel à la vigilance. Et puis j'avais d'autres motifs pour être très revanchard à Rio.

J'avais remporté les trois titres européens précédant Amsterdam : en 2010 à Barcelone, 2012 à

Helsinki et 2014 à Zurich. Évidemment, pendant l'été 2014, mes performances s'étaient ressenties de ma blessure au talon à Donetsk. La cicatrisation avait été assez rapide mais il m'avait fallu du temps pour retrouver mes qualités de pied. Je n'ai pas sauté plus haut que 5,93 m cet été-là. Mais la concurrence n'était pas dingue à l'époque et j'ai préservé l'essentiel en gagnant les compétitions où je me suis aligné, notamment à Zurich, l'objectif de l'année. Je n'ai jamais regretté d'avoir tenté 6,21 m à Donetsk. C'était le vrai Renaud, ça ! Un passionné, pas un stratège financier qui se dit qu'il a tout intérêt à améliorer le record centimètre par centimètre en prenant les primes qui vont avec. Rester soi-même est la meilleure façon de faire, selon moi.

La seule fois où je ne me suis pas tenu à ce principe sur la piste, c'était en 2015 et je l'ai payé cher. Aux Mondiaux de Moscou, en 2013, j'étais très fort mais la médaille d'argent n'était pas une si mauvaise opération au vu de mon feeling désastreux sur ce sautoir et sa piste d'élan trop courte. En 2015, j'étais encore plus fort. Je sortais d'un hiver où j'avais tout gagné et passé cinq fois 6 m. Et j'arrivais aux Mondiaux de Pékin fort d'un été où j'avais fait 6,05 m à Eugene et 6,03 m à Londres pour mon dernier concours. Sauf que la petite musique de mes Mondiaux précédents, où j'avais aligné trois podiums tout en ratant l'or, devenait un grand sujet de conversation parmi les observateurs et jusque dans mon entourage. Chacun y allait de son analyse. Une d'entre elles, lancinante, affirmait que j'étais trop froid lors de ces finales, trop concentré, trop fermé... J'ai commencé à l'écouter.

Je me suis dit que, peut-être, effectivement, pourquoi pas, il faut garder un esprit ouvert, je me mettais trop de pression sur les Mondiaux. Alors j'ai dit OK, je vais prendre le concours avec un peu plus de légèreté. En qualification, il y avait deux sautoirs côte à côte dans la demi-lune du stade, je me retrouve sur celui le plus proche de la piste, donc avec la piste d'élan la plus courte, et je me dis que ce n'est pas grave, je m'adapte, je me mets sur seize foulées pour passer 5,70 m. Ce qui s'est fait sans problème. À l'échauffement pour la finale, j'étais incroyablement bien, je passe même 6 m ! Avec un élastique, bien sûr, pas une barre, et c'est donc seulement une estimation. Mais le problème, ce jour-là, c'est qu'en mettant la barre de qualification trop basse, on s'est retrouvé à seize en finale au lieu des douze habituels. En conséquence, ils ont choisi pour la finale des montées de barre sauvages pour écrémer plus vite et ne pas faire trop traîner le concours : 5,50 m, 5,65 m, 5,80 m, 5,90 m, 6 m.

Cela ne laisse quasiment pas la place pour les impasses. En gros, si vous ratez votre premier essai à 5,80 m, vous êtes mort, quasi obligé de tenter le deuxième au lieu de garder vos deux essais pour la hauteur d'après, 10 cm plus haut, soit un gap énorme à cette hauteur-là. Et c'est encore plus vrai à 5,90 m pour 6 m. Résultat, il n'y a eu aucune impasse. Vu ma forme, je n'avais pas envie de commencer à 5,65 m, donc j'attends 5,80 m et je passe au premier. Mais à 5,90 m, il me manque ma hargne habituelle. Je fais trois fois le même saut, à retomber sur la barre de pas grand-chose. Et comme la hauteur suivante est directement à 6 m, j'ai insisté à 5,90 m. Normalement, pendant un concours, je suis là pour envoyer du bois ou pour me balader. Mais à force de m'entendre dire qu'il me fallait des intentions plus cool pour gagner, je n'ai pas pu retrouver ce petit surplus d'agressivité qui me manquait.

La frustration a été énorme. En rentrant en Europe, j'avais une compétition en ville, à Salzbourg, en Autriche. J'étais remonté comme un coucou et je passe 5,93 m sur seize foulées. Je tente même 6 m. J'ai immédiatement dit à mon entourage que c'était comme ça que je devais être et pas autrement, qu'il ne fallait pas chercher à me changer. S'il y a un titre mondial que j'aurais dû gagner, c'était celui-là. J'étais intrinsèquement vraiment plus fort que les autres. Gagner une médaille mondiale, de bronze, avec un seul saut, à 5,80 m, c'est bien, c'est rarissime, peut-être même jamais vu, mais c'est nul. J'ai été nul le jour J. Ces Mondiaux 2015 sont ceux où je suis passé le plus loin de l'or alors que j'étais plus fort que jamais. L'enseignement était que si je voulais être performant en grande compétition et conserver mon titre olympique à Rio, il fallait que j'aie cette hargne, ce visage fermé, que je reste dans mon truc. Deux semaines après, à Salzbourg, en retrouvant ma façon d'appréhender les choses, ça marchait déjà.

* * *

Dans le fond, Rio ressemble à ces concours où vous vous dites que quand ça veut pas, ça veut pas ! Je fais un très bon échauffement mais il se met à pleuvoir et le concours est retardé. On a attendu plus d'une demi-heure sous les tribunes. On a pris environ une heure de retard. Je ne change pas mon plan, je commence à 5,75 m avec une 5,20 m/14.3. Puis 5,85 m au premier essai également. On n'est alors plus que quatre dans le concours : trois à être passés, avec Braz et Sam Kendricks plus le Polonais Piotr Lisek qui a fait impasse. Je suis en tête mais, à 5,93 m, ça commence à dérailler. Je passe au premier, je suis parti pour un deuxième titre olympique. Mais Braz, qui a eu chaud pendant toute la compétition, passant les qualifs sur son dernier essai, laissant des essais en début de concours, passe 5,93 m au deuxième pour égaler son record. À ce moment-là, il est deuxième.

À la suite du retard initial, il ne reste alors plus que le concours de perche dans le stade, le public, qui s'en désintéressait jusque-là, commence à se pencher sur la question. Ou plutôt une partie du public. Le stade était déjà loin d'être plein au début de la session du soir. Un bon nombre des spectateurs sont partis quand il n'y a plus eu de course au programme et quelques centaines d'autres ont rejoint le virage de la perche car il ne restait que ça. Le Brésil n'est pas un pays d'athlétisme, le stade a le plus souvent sonné creux pendant les neuf jours de compétition, ce qui est rarissime aux Jeux, où l'athlé est le sport roi. En termes d'ambiance et d'affluence, on peut dire que c'était l'exact contraire de Londres, où même les sessions de qualifications du matin faisaient le plein. Il est vrai que les Brésiliens n'avaient quasiment aucune chance de médaille dans ce sport. Bref, c'est un pays qui n'a ni la culture de l'athlé, ni, a fortiori, celle de la perche. Mais, soudain, une poignée de milliers d'entre eux, présents un peu par hasard, se dit alors que Braz peut gagner. Et c'est alors que l'ambiance bascule.

Le public commence à siffler Piotr, puis à siffler Sam. Tous les deux échouent à 5,93 m. Ne restent plus alors que Braz et moi. À 5,98 m, je saute en premier et je demande la claque, dans l'espoir d'avoir celle que j'ai eue au début du concours. Mais le public est métamorphosé, il me siffle. Je passe quand même au premier essai, une vraie fierté. C'est mieux que mes 5,97 m de Londres, c'est un nouveau record olympique et c'est toujours un sans-faute dans le concours. Sachant que passer cette barre ne lui suffirait pas pour gagner, Braz fait impasse. À 6,03 m, les sifflets sont installés, je fais un geste pour leur dire que c'est nul. En athlé, les sifflets sont rarissimes. Les rares fois où j'en ai entendu, c'est pour un athlète dopé, comme Justin Gatlin en 2017 à Londres. Sinon, à la perche, il y a bien eu le public ultra-soviétique aux JO de Moscou en 1980, quand le Polonais Kozakiewicz avait gagné en faisant un bras d'honneur, mais là c'était très politique.

* * *

Là, ce qui est le plus étrange, c'est que rien ne le laissait présager. Tout s'est bien passé jusqu'à la fin du concours, le *money time*. Mon premier essai à 6,03 m n'est pas mal, je me suis dit que je l'avais fait l'hiver et que je pouvais le refaire. Thiago, lui, ne déplace même pas sa perche. Au deuxième essai, je rate d'un rien, c'est dur de revoir ce saut, dans une ambiance ultra-négative, à quelques centimètres près. Et Braz sort alors un saut de nulle part et il passe. C'était mort. Il ne me restait qu'un saut pour 6,08 m. J'ai bien essayé de prendre l'énergie négative pour m'en servir, le saut n'est pas mauvais mais il ne suffit pas. Avec ma perf ce jour-là, on gagne 95 fois sur 100, à la perche. Je ne peux donc vraiment pas nourrir de regret sur ma performance.

Ça m'a fait sourire, jaune, d'entendre des sportifs dire que c'est aussi ça, le sport, que j'aurais dû m'y préparer. Mais non, ce n'est pas ça, le sport, en tout cas pas le mien. D'ailleurs, le public brésilien m'a longtemps encouragé sur ce concours. D'autre part, on ne pouvait pas anticiper que Braz atteindrait cette altitude et donc encore moins anticiper que le public deviendrait soudainement hostile. Quand vous passez d'un stade bouillant derrière vous à Londres en 2012 à un stade qui vous hue tout à coup, ce contraste est totalement déstabilisant. Cette hostilité était tellement imprévisible que Fabiana Murer et son coach et mari Elson étaient outrés. Fabiana a, entre autres, été championne du monde de la perche en 2011 et elle a poursuivi sa carrière pour pouvoir vivre ces JO chez elle au Brésil. Ce sont des amis, Anaïs s'était un peu entraînée avec eux, on les a invités à notre mariage. Ils avaient participé au fait que j'arrive à Rio dans une excellente dynamique. On avait fait une grosse semaine de stage à Sao Paulo. Elson nous avait emmenés manger dans un resto brésilien, nous avait fait visiter son centre d'entraînement. Il me disait même que les Brésiliens étaient contents de me voir. Ç'a été vrai jusqu'à 5,93 m.

Avant le concours, Braz faisait partie des candidats au titre s'il se jouait à 5,90 m ou 5,95 m. Avec Kendricks et Lisek. Mais il était en feu ce jour-là, c'était irrationnel. Les spécialistes disaient que si j'avais pu sauter 6,10 m, il aurait répondu avec 6,15 m. Il avait aussi l'avantage de sauter après moi et de pouvoir gérer les impasses. De toute façon, un scénario sportif est, par définition, imprévisible. Il y a juste ce qui relève du possible. En 2001, Markov gagne les Mondiaux à

Edmonton avec 6,05 m et ne refera jamais mieux que 5,85 m ensuite. J'avais moi-même déjà été battu par des mecs très inattendus, comme Wojciechowski et Borges, qui font 5,90 m aux Mondiaux 2011 à Daegu. Ce jour-là, le Cubain a mis 15 cm à son record ! Quand Holzdeppe me titille en finale des Jeux à Londres avec 5,91 m, il met 10 cm à son record. Des gars qui explosent pendant une compète, ça existe, et tu ne peux pas l'anticiper. Avant une compétition, on se fait toujours un scénario idéal qu'on réadapte au fil du concours.

* * *

Je ne suis pas du genre à regretter beaucoup de choses dans ma carrière mais il y en a une, c'est mon passage en zone mixte juste après. Quand vous finissez un concours comme ça, vous avez juste le temps d'échanger deux mots de loin avec vos proches en tribune. Mais pas le temps de vous préparer à ce qui va se passer ensuite. En interview avec les médias, je n'ai jamais eu l'habitude de me défiler, de mâcher mes mots ou de faire de la langue de bois. Parfois, vous êtes assez lucide pour éviter deux ou trois mots. Là, j'ai sorti des mots déplacés en comparant ce qui m'était arrivé avec ce qu'avait vécu Jesse Owens à Berlin. C'était évidemment une erreur. Le fait est que j'avais vu le biopic qui venait de sortir sur la vie d'Owens juste avant les Jeux. J'ai d'ailleurs adoré ce film. Probablement que si je n'avais pas vu ce film, je n'aurais pas fait d'amalgame malheureux. Mais ça faisait quatre heures que j'étais sur le stade, j'en avais pris dans tous les sens au point de me demander si le public n'aurait pas pu m'envoyer des objets dessus. Je n'ai eu ni le temps, ni l'opportunité de me poser, ne serait-ce que dix minutes, ou de discuter avec Julien, pour réfléchir à ce que j'allais répondre à ce que je venais de traverser. Pendant une heure, j'ai répondu à des dizaines de journalistes. Forcément, à la question de ce que j'avais pensé de l'ambiance, je n'allais pas répondre qu'elle était incroyable. Elle l'était mais dans un sens désastreux, irrespectueux.

J'ai dû dire cette phrase malencontreuse à deux télés. Derrière, j'ai pris un raz-de-marée, des centaines de messages de menace de mort de la part de Brésiliens. Le lendemain, après une nuit qui n'a pas existé, j'ai dû aller sur le plateau de TV Globo pour m'excuser et leur expliquer qu'on ne connaissait pas ça en athlé et que, à chaud, malmené, j'ai dit une bêtise qui dépassait ma pensée. J'aurais dû être hypocrite. Si je l'avais été comme beaucoup de champions, je n'aurais rien dit. Mais, franchement, il ne faudrait pas se servir de ça pour inverser les rôles. S'il y a eu une victime de la bêtise à Rio, c'est d'abord moi.

Certains expliquent que ce que j'ai vécu est fréquent au foot. Mais, d'une part, je ne joue pas au foot et, d'autre part, il n'est pas normal qu'on se satisfasse de ça au foot. Sur place, Teddy Riner a dit que c'était comme ça dans le sport. Non, je peux l'entendre dans certains sports, notamment de combat, où on s'affronte directement. Mais là, à la perche, c'est chacun son tour, contre soi-même. Quand on siffle une équipe ou un combattant, tout le monde est sur le terrain en même temps. À la perche, quand je suis sifflé, il n'y a que moi en piste. Que l'on siffle quelqu'un qui fait un mauvais geste, oui. Mais pas là ! La déclaration facile de Riner m'a fait mal de la part d'un porte-drapeau dont le rôle serait plutôt de soutenir son équipe. Pendant des semaines, des mois, il a fallu que je me réexplique, dire que oui, j'avais dit une connerie mais que je n'aurais jamais dû être dans la position de la dire.

* * *

Le plus violent, même si c'est difficile de faire une gradation dans ce genre de violence, c'est le podium. Même ma blessure, juste avant les Jeux de Tokyo, c'est beaucoup moins violent. Vingt-quatre heures après, j'avais présenté mes excuses, j'avais fait le deuil de la médaille d'or, j'étais fier de l'argent, et je reprends une salve de sifflets terribles. Il y avait Sergueï Bubka et Thomas Bach présents pour le protocole. Je m'étais dit avant de monter sur le podium : « Barricade-toi ! » Mais je n'ai pas pu, j'ai craqué. Je n'avais pas imaginé que, Braz étant en or, ils en remettraient une couche comme ça. C'est la première fois que je pleurais de tristesse sur un podium et c'est d'ailleurs une chose rare. Mais ce n'est pas plus mal, je suis humain, cela montre l'ampleur de ce que je vivais. Et pourtant, là encore, certains diront : « Ouais, et en plus, c'est une pleureuse ! » Mais j'ai eu aussi des soutiens. Certains m'enfonçaient encore plus mais d'autres disaient que tout cela n'était absolument pas normal, que j'étais un grand champion et qu'ils étaient avec moi.

Ce n'est pas anodin que Bubka et Bach m'attendent à la sortie de la cérémonie pour me dire qu'ils étaient désolés au possible que j'aie eu à vivre ça. Leurs visages étaient très graves. D'ailleurs, Braz, contre lequel je n'avais rien, était tout aussi désolé. Le seul reproche qu'on peut faire à Braz dans cette histoire, c'est de n'avoir rien fait pour calmer le public la veille. Dans la même situation, à Paris, je ferais un geste au public pour lui signifier. Même si là, avec son contrôle positif, cela semble plus compliqué… Il était en tout cas le seul à pouvoir le faire. Après, même s'il n'était pas à l'aise avec ça, cela lui profitait. On s'est retrouvés, avec Braz et Sergueï, ensuite, sous les tribunes, pour discuter. Sergueï nous a dit qu'on était appelés à se retrouver dans les années qui suivent et qu'il allait falloir passer à autre chose.

Mais Braz s'entraînait alors depuis 2015 avec Vitaly Petrov, l'ancien coach de Bubka, puis d'Isinbayeva ou Gibilisco, le champion du monde 2003 au Stade de France. Or, Petrov me déteste, je suis sûr qu'il considère que je lui ai pris son record. Sergueï a beau m'apprécier, c'est aussi une victoire de Petrov, et il n'est pas dans une situation facile. De toute façon, le mal est fait. Thiago, je le connais depuis de longues années, il s'est entraîné avec Elson, et c'est vraiment un bon mec à la base. On était même en contact, on échangeait des messages. Mais à partir du moment où il a rejoint Petrov, deux ans avant Rio, il a complètement changé, il s'est mis à évoluer à l'écart, en solo, dans son coin. Petrov a toujours insisté pour que ses athlètes ne fassent pas copain-copain avec leurs adversaires, qu'ils les considèrent comme leurs ennemis. À l'époque où Bubka sautait, vous pouvez demander aux anciens, c'était pareil.

Quand Braz s'est retrouvé à venir sauter à Paris après Rio, et à Lausanne, j'avais dit que je ne souhaitais à personne de vivre ce que j'avais vécu. J'ai eu un soutien extraordinaire du public, j'ai super bien sauté, ça m'a fait chaud au cœur… et Braz n'a pas été sifflé. Je sais qu'à un moment, Thiago a demandé à Elson de retravailler avec lui et Elson m'avait dit qu'il était gêné vis-à-vis de moi mais qu'il n'avait pas le choix pour des raisons fédérales. En 2020, Thiago s'est rouvert avec moi et les autres. Il m'a demandé de mes nouvelles. Mais on n'avait aucune chance de devenir super potes non plus, ce n'était ni sa nature ni mon objectif. La cicatrice de ce qui s'est passé à Rio ne se refermera jamais complètement. Je suis trop rancunier pour ça. Pour dire la vérité, je trouve toujours lunaire de voir des gens passer complètement l'éponge après avoir subi des injustices horribles. Et le récent contrôle positif de Braz n'aidera pas à me faire passer le goût de l'amertume.

J'ai eu des propositions pour retourner faire des trucs au Brésil, ensuite, mais j'ai refusé. C'était encore trop chaud. Depuis, je n'ai jamais remis les pieds là-bas, même pour des vacances. On m'a dit que ce serait bon pour mon image mais ça ne m'intéresse pas. Il y a eu un tel niveau d'incompréhension que je n'ai pas l'énergie de tout réexpliquer. Et puis, je ne suis pas d'accord avec le comportement qu'a eu le public là-bas et je ne vais pas prétendre le contraire soudainement. On me dit : « Oui, mais c'est le Brésil, c'est comme ça ! » Peut-être, mais je ne trouve pas ça bien pour autant. J'ai sauté contre Sam Kendricks aux Mondiaux à Portland, moi premier, lui deuxième, et c'était formidable. J'ai sauté contre Mondo Duplantis à Stockholm, contre Piotr Lisek et les autres Polonais à Chorzow ou Varsovie, contre Björn Otto et Raphael Holzdeppe plein de fois en Allemagne quand notre rivalité était à son sommet, même à Shanghai contre des Chinois… et tout s'est toujours formidablement passé. « Oui, mais c'est le Brésil… » ? Eh bien sans moi, je ne suis pas footballeur, je suis perchiste.

CHAPITRE 11

LE MANS

Moto, passion, 24 Heures du Mans, bonheur, santé mentale, Magny-Cours, accident, conséquences…

Ma passion pour la moto a commencé tout gamin. J'ai toujours été attiré par elle. La première fois que je suis monté dessus, c'était avec mon père. J'avais sept ou huit ans, on allait au stade avec la sienne. Il a toujours eu des motos et je montais derrière lui. Ce n'est pas parce que votre père aime quelque chose que vous l'aimerez aussi. La preuve, mon frère Valentin n'a jamais eu la passion de la moto. C'est une question de nature. Mais le fait est que dans mon cas, avec mon père, il y a cette filiation. Je vois que je trimballe aussi souvent ma fille à moto et elle est à bloc alors qu'elle n'a pas six ans. On verra ce que ça donnera pour elle, Anaïs aura forcément son mot à dire et elle n'est pas fan de moto. Mais quand on est passionné...

Mon premier deux-roues motorisé à moi, c'était une mobylette, un 103 Fox, avec lequel j'allais au lycée. Ensuite, quand j'ai eu le permis voiture, j'ai acquis le droit de piloter une 125 cm^3. Et ma première voiture à moi a en fait été une moto, que je me suis achetée en 2007. Un Rieju 125 SMX, que je me suis fait voler en arrivant à Clermont en 2008. Alors j'ai acheté une Hyosung 125 Comet, un peu plus route. À ce moment-là, j'avais récupéré la Super 5 de mes grands-parents mais c'est avec ma 125 cm^3 que j'ai découvert la région. Après mes entraînements, je partais souvent une heure, une heure et demie pour aller tourner alentour. Puis j'ai passé mon permis moto en 2010 et j'ai acheté une Suzuki Gladius, une 650 bicylindre, une bonne moto pour apprendre sereinement.

La piste est venue en dernier, après le cross ou l'enduro, mais c'est vraiment ce que j'ai essayé de pousser le plus. C'est un truc de dingue. Quand j'ai acheté ma première moto, j'ai sympathisé avec celui qui me l'a vendue, Stéphane Mézard. Il s'était remis dans l'endurance lui-même. C'était quelque chose qui m'avait toujours fasciné mais qui nécessitait des moyens. Or j'étais arrivé à un moment où je vivais très convenablement de la perche et j'ai donc commencé à me tester avec lui, faire mes premiers tours sur le circuit d'Issoire, à côté de Clermont, en 2011. J'ai tout de suite surkiffé.

J'aime tout, dans la moto. Tous les styles. La balade comme la vitesse. Ma pratique a évolué. Elle n'est plus la même, depuis la naissance des enfants notamment. Mais je me sers de ma moto aussi bien pour aller chercher le pain que pour aller à l'entraînement, pour faire une balade dans les chemins si j'ai une heure devant moi, ou, si je prends une demi-journée ou une journée, pour aller tourner sur un circuit. Aujourd'hui, j'en ai cinq et je peux passer des heures à les bricoler à la maison, un après-midi ou un week-end dans mon garage sans voir le temps passer. La moto est clairement ma deuxième passion derrière la perche. En temps consacré comme en plaisir. Mais c'est un temps que je m'autorise car j'en connais les impacts positifs.

* * *

Mon rapport à la moto de course a toujours été assez particulier. On me disait que c'était dangereux, mais je considère que les risques sont partout. Tu peux te faire trois fois plus mal en glissant sur une plaque de verglas en sortant de chez toi à pied que sur une piste d'athlé ou sur un circuit moto. J'ai toujours été très détaché par rapport à ça parce que le danger est déjà inhérent à la perche, de loin la discipline la plus dangereuse de l'athlé. Donc je n'appréhende pas le danger comme un athlète lambda. C'est affaire de prise de risque. Sur un circuit, vous ne prenez pas plus de risque à 250 km/h qu'en VTT, où vous pouvez vous prendre une boîte terrible à 30 km/h. J'ai surtout toujours su exactement pourquoi j'en faisais. Pas pour être le meilleur ou gagner quoi que ce soit mais par pure passion, plaisir ; voire autre chose de très important : souffler, penser à autre chose qu'au saut à la perche. Or, quand tu pars en balade, tu peux avoir ton quotidien dans un coin de ta tête, la facture à payer ou le stage à venir. Pas sur un circuit.

Sur un circuit, tu es forcément à 100 % dans ce que tu fais, sinon tu te rates au virage d'après. Tu n'as pas le droit de penser à quoi que ce soit d'autre. Ça, c'est essentiel, c'est une question de santé mentale pour moi. Quand vous avez toujours l'esprit occupé par la perche et ce qui va avec, de l'entraînement aux compétitions, des sollicitations extra-sportives aux contrats, c'est une pression mentale permanente, ce n'est pas sain. Il faut pouvoir se ressourcer, faire le vide. Quand j'étais sur la piste, c'était le cas. Sans pour autant jamais me mettre dans la peau du pilote qui va chercher le dernier centième. Ma quête de vitesse n'est jamais allée au-delà de la seconde ou de la demi-seconde. Je ne repoussais donc pas mes limites. J'avais conscience de mon potentiel et de celui de la moto et je gardais toujours cette petite marge de sécurité pour rester en retrait de la zone où la prise de risque est maximale. Cette zone, en revanche, je la visite souvent à la perche.

Voilà pourquoi la moto a été une soupape positive qui a compté dans ma carrière de perchiste. Après, on ne choisit pas ses passions. Cela aurait pu être le golf, les échecs, la couture, tout le monde aurait été content parce que je n'y aurais pris aucun risque. Mais moi, c'était la moto, depuis toujours. Me l'interdire aurait généré un grand manque. Le plus important était de le faire de façon structurée. J'étais entouré de gens dont c'était le métier, pas des écervelés. J'ai ainsi toujours eu au minimum une journée de piste par an qui me relançait derrière pour des mois. Ce qu'on vit sur un circuit est inimaginable et remplace plein de petites sorties quotidiennes. Quand vous avez le genou posé sur la piste à 180 km/h, sur l'angle, ou que vous faites des pointes de vitesse à 250-260 km/h avec des distances de freinage incroyables, c'est fou. Le paradoxe, c'est que vous le faites quasiment sans prise de risque, finalement moindre qu'un trajet à vélo de chez moi au Stadium. Bien évidemment, je faisais de la moto sur des périodes précises. Pas un mois avant un championnat. Je ne faisais pas n'importe quoi. Mais il ne faut surtout pas tout s'interdire. En tout cas, je ne regrette rien.

Anaïs n'a, elle, jamais affectionné la moto. Elle n'y a jamais été réceptive et son a priori était forcément négatif. Mais quand je l'ai connue, j'en faisais déjà. Donc elle l'a accepté. Et de plus en plus, avec le temps. Elle savait qu'elle ne pouvait pas m'en dissuader et elle a vu que je le faisais de manière organisée. Que ce n'était pas une lubie soudaine. Ça n'a pas été une zone de conflit mais il a fallu que chacun y mette du sien. Mon père, lui, n'allait pas contester une pratique qu'il adore. Quant à mes coaches, ils ont eux-mêmes des motos… Il m'est arrivé d'aller faire des balades juste avant de partir à un championnat, et ils comprennent. D'ailleurs, j'en fais avec mes partenaires d'entraînement, Thibaut Collet et Ethan Cormont. À partir du moment où j'étais performant à l'entraînement le lendemain, il n'y avait pas de raison de tiquer. Quant à l'endurance, c'était intégré dans le calendrier annuel.

* * *

Stéphane Mézard avait monté un petit team d'endurance. C'était un bon pilote au niveau national en « Super Motard ». Il avait fait quelques compétitions à l'international puis s'est tourné vers l'endurance. Il m'a rapidement fait faire un baptême sur piste derrière lui, et le virus était inoculé. Il ne demandait qu'à l'être. Dans ce genre de team, il y a plein de bénévoles, et j'ai filé un coup de main dès 2011, notamment comme panneauteur, en bord de piste, au Bol d'or à Magny-Cours en avril, et aux 24 Heures du Mans en septembre. C'est là que je me suis dit : « C'est trop bien, je veux faire ça un jour ! » Il y a l'aspect compétition, bien sûr, mais pas seulement. Tout d'abord, il n'y a pas besoin d'être Marc Marquez pour faire ce genre de courses. Il y a aussi l'ambiance, tout un boulot d'équipe qu'on n'a pas en athlé et qui m'attirait.

Après mon titre olympique à Londres, Suzuki m'a proposé d'effectuer une course en roadster, avec une

Gladius. C'était au Vigeant, un circuit à côté de Poitiers, en septembre 2012. Le concept, c'était du roulage avec une qualif pour une course sprint le samedi, genre quinze tours, et une d'endurance le dimanche, peut-être de deux heures. Ils m'ont préparé une moto, je suis allé faire un stage de pilotage à Magny-Cours, et puis c'était parti. Le samedi, ça s'est bien passé. J'étais dernier mais j'ai commencé à trouver mes repères au fil des tours pour me rapprocher des autres, sans prendre de risques inconsidérés non plus. Malheureusement, le dimanche, dans une course précédente, une autre catégorie, des 1 000 cm^3, un pilote s'est envolé et s'est tué sur le coup. Le reste de la manifestation a été annulé. Pour une première, ça m'a fait très bizarre. Mais ça ne m'a pas refroidi. Un mois plus tard, j'ai été invité avec Steph sur un circuit privé pour rouler. Il y avait là Vincent Philippe, un pilote qui avait été déjà une dizaine de fois champion du monde d'endurance, qui a gagné Le Mans, le Bol d'or… Un mec super sympa. Ma notoriété me permettait de rencontrer certains de ces gars et des connexions se sont faites rapidement. Vincent m'a fait faire un baptême derrière lui. Et puis il me dit : « Bah ! vas-y, si tu veux, je te prête ma moto, tu peux l'essayer ! » J'étais très surpris, un peu gêné, mais j'essaie une 1 000 pour la première fois. Peut-être une dizaine de tours. J'ai vu que cette moto ne me faisait pas peur.

Comme Le Mans est en septembre, je me suis alors dit que c'était faisable après ma saison de perche.

Surtout avec un encadrement sérieux, je me sentais en sécurité, capable d'apprendre, imprimer et appliquer les consignes de pros. L'idée n'était pas que je m'achète ma moto et que je fasse le truc tout seul dans mon coin, au contraire. J'ai fait mes premiers tours de roues officiels en avril 2013 pour le Bol d'or, à Magny-Cours, en qualité de quatrième pilote. C'est-à-dire pas pour faire la course normalement, juste remplaçant au cas où, mais ce n'était alors pas du tout l'idée. Pour avoir le droit de prendre le départ de la course, la condition est de réaliser un chrono minimum lors des qualifs, ce que j'ai fait. C'était une bonne prise de repères mais je n'imaginais pas que tout irait aussi vite.

On a parlé tout de suite du Mans. On a constitué un équipage de quatre pilotes, avec Steph et David Dumain et, en quatrième, Philippe Monneret, une légende de la moto. L'idée était que Philippe assure la présence du team au départ de la course, que moi, je me qualifie de mon côté et que je prenne sa place pour la course. Deux semaines avant la course, on va tourner au Mans. Mes chronos descendent au fil des tours, j'en fais un très bon qui s'affiche mais, quelques virages plus loin, je perds la roue avant sur un freinage et je me retrouve dans le gravier. Sans bobo ni pour moi ni pour la moto, donc je rentre au stand avec. Mais il a fallu qu'on retourne dans les graviers avec David pour retrouver mon chrono embarqué qui validait ma perf. Ce jour-là, je me suis retrouvé à rouler avec Johann Zarco, pilote de MotoGP, j'ai même une photo où je suis en piste à côté de lui. C'est assez classe, car comme on ne voit pas la différence de vitesse sur la photo, on a l'impression que je lui fais l'intérieur alors que c'est lui que me fait l'extérieur...

* * *

J'ai couru les 24 Heures du Mans, en 2013, comme dans un rêve éveillé. Tout s'est d'abord passé comme prévu lors des qualifications. Avec Philippe Monneret, la moto se qualifie à la 45e place sur la grille, je me qualifie individuellement de mon côté et je passe troisième pilote pour la course. Une course idéale. On roulait, on se relayait, on refaisait le plein, on changeait les pneus et on repartait. En gros, ça représente des relais d'une heure. Un peu plus pour moi car je roulais cinq ou six secondes plus lentement au tour, donc je consommais moins et mes runs étaient plus longs. On changeait les pneus après mes relais. Je n'avais pas besoin d'un train neuf et je les usais moins. J'essayais d'être propre, pour moi, pour la moto, mais aussi pour les concurrents. L'ambiance était au beau fixe, Monneret m'envoyait des photos à la con pendant la course, il est très bon pour faire tomber la pression. La transmission, c'est vraiment son truc, et en plus il ne se prend pas au sérieux. L'entente dans le team était totale, on se passait les infos, on passait dans les mains du kiné, moi un peu moins que les autres parce que j'étais physiquement au top, on se restaurait, on se reposait.

Mes moments préférés, je les ai vécus pendant la nuit. C'est là que j'ai fait mes meilleurs chronos. Des chronos meilleurs que certains. Ça m'a fait bizarre, je n'avais pas imaginé que je pourrais aller plus vite que d'autres. Je savais me faire dépasser, pas de problème là-dessus, mais là, il a bien fallu que je me lance et j'ai découvert ce que c'était que de dépasser. Je n'étais pas du tout entamé et ma concentration était totale. Et puis vivre le lever du soleil sur le circuit du Mans en course, c'est quelque chose qui m'a marqué à jamais. Entre les problèmes mécaniques des uns et les abandons des autres, on a tranquillement grappillé des places au fil des heures. Et, cadeau, j'ai eu droit au dernier relais. Dans le dernier tour, on était 25e, sur 56 au départ, une très bonne perf avec une moto de 2e catégorie. Derrière moi, en 26e place, mais à deux tours, il y avait Vincent Philippe, un pilote qui a été dix fois champion du monde d'endurance. Je me souviens que mon objectif était de rester devant lui, ce que j'ai réussi à faire.

Les pilotes étaient vraiment cool avec moi, ils me faisaient un signe quand ils me dépassaient. J'ai noué des contacts durables avec quelques-uns, encore solides dix ans après, comme avec Kenny Foray, champion du monde d'endurance en 2014, entre autres. Il arrive à Kenny de passer à la maison, d'ailleurs, pour une pause-café lors de ses nombreux déplacements. J'ai eu la chance de vivre des émotions extrêmement intenses avec la perche mais ce que j'ai vécu au Mans, à l'intérieur du casque, c'était dément. Les dernières minutes, on sent l'ambiance qui monte autour du circuit. Et quand on passe le drapeau à damier, c'est un sentiment de plénitude, celui du boulot accompli. C'est la fête, le tour de décélération, les saluts entre pilotes, les stands qui se remplissent, blindés, au point qu'il n'y a plus qu'un couloir d'un mètre pour laisser passer et saluer les motos. C'est incroyablement convivial, toute une communauté qui se retrouve, comme à la perche en fait. Je crois que les mecs ont respecté ce que j'ai fait. Un champion olympique de la perche qui acceptait de n'être qu'un pilote banal parmi eux, sans expérience de l'endurance, qui se mettait d'une certaine manière en danger, avec humilité, et qui s'est amélioré au fil des heures. J'ai senti du respect.

On a voulu remettre ça l'année d'après, en 2014, à la fin d'une année faste pour moi, avec le record du monde à Donetsk et le titre européen à Zurich. Je m'en faisais une joie. J'avais l'expérience et j'avais progressé suffisamment pour être au niveau des mecs de bas de tableau. Mais David a eu un grave accident moins de trente minutes après le départ. Un très gros choc. La moto était une épave et on a foncé au médical. C'était chaud. On était contents de voir David conscient mais il avait une fracture cervicale.

Il n'est pas passé loin d'y rester. Entre pilotes d'un même team, on traverse plein de choses et on tisse forcément des liens très forts. David était désolé pour l'équipe, c'était touchant. Ça m'a refroidi un peu sur le coup parce que c'est quand même un choc. Anaïs n'était pas venue l'année précédente mais elle était là cette fois-ci. On est directement partis pour la Bretagne, où on devait passer quelques jours chez Jean. À un moment, sur la route, les larmes me sont montées, comme si je réalisais aussi que ça aurait pu être moi. Mais à aucun moment je ne me suis dit que je ne remonterais jamais sur une moto. Dans mon esprit, ça ne pouvait pas se finir comme ça. Ça peut paraître bizarre mais quand on est passionné, ça emporte tout. Ce n'est pas un sport qu'on fait par hasard, c'est une passion. Deux ans après, d'ailleurs, je refaisais de la moto avec David. On a un lien incassable, c'est une histoire humaine forte.

Entre 2014 et 2016, je n'ai pas refait de compétition de moto. Il y avait les Jeux de Rio à l'horizon. Mais je constatais qu'aller rouler au printemps ou à l'automne sur un circuit me faisait du bien. Pour couper, mettre mon cuir et mon casque pour tourner sur une piste en oubliant tout le reste, il n'y a pas mieux. Après les Jeux de Rio, avec David, qui avait repris des forces, on s'est fixé l'objectif de faire le Bol d'argent en septembre au Castellet. On était en vie, notre histoire n'était pas finie. Le Bol d'argent se court avant le Bol d'or, en duo, sur des roadsters 850 cm^3 Le vendredi matin, sous la pluie, pendant les qualifs, je voyais que je tournais très bien, je finis meilleur chrono de ma session. L'après-midi, en course, j'ai vécu des vrais moments de moto tels qu'on se les imagine, à la lutte avec des gars qui vous passent et qu'on repasse. Le pied. Derrière, il y avait une petite course d'endurance à Magny-Cours en octobre, sur des 1 000 cm^3, et c'est là que j'ai chuté, une chute à la con. Après Rio, 2016 n'était décidément pas mon année. Quand ça veut pas, ça veut pas.

* * *

À peu près à mi-course, j'ai perdu l'avant sur le virage le plus lent du circuit de Magny-Cours, en épingle. J'ai dû toucher le genou droit au sol, je ne sais pas. Je ne le sentais pas plus que ça sur le coup. Je finis la course mais, le soir, je constate que je ne pouvais plus bouger le genou comme je voulais, et là, je ne faisais plus le malin. Le lendemain, je passe une radio et on voit qu'il y a un bout du ménisque cassé et qu'il faut l'opérer. Mais, dans cette histoire, mon erreur n'est pas tant cette chute mineure que la gestion de ce qui a suivi. J'étais tellement frustré par les JO de Rio que je voulais montrer que j'étais bien toujours le meilleur. Il était donc hors de question que je fasse l'impasse sur la saison hivernale. Phil m'a mis à l'aise, il m'a dit qu'il avait lui-même fait sa carrière avec un bout de ménisque en moins.

Mais j'ai repris trop tôt. J'ai compensé en forçant sur ma jambe gauche, c'est très classique, et je me suis blessé. J'ai tenu à sauter au All Star à l'hiver 2017 avec un ischio éclaté. Contre l'avis de mon entourage et des médecins. Et j'ai fait 5,71 m. Sur une jambe. C'est énorme mais c'est une erreur.

Mon été 2017 n'a pas été dégueulasse pour autant. Si l'on considère là d'où je revenais, ma médaille de bronze aux Mondiaux à Londres est un exploit. En tout cas, elle représente énormément pour moi. Parce qu'on pourrait dire qu'entre ce qui s'était passé à Rio, la naissance de ma fille et l'accident de moto, une page avait été tournée, que c'était, au moins de l'avis de certains, le commencement de la fin. Et pourtant, comme à chaque fois que j'arrive sur un championnat, mon cerveau s'est mis à Londres dans un mode de fonctionnement conquérant, sans que je n'y puisse rien, en fait, comme s'il était autonome. Après ma blessure de l'hiver, j'avais galéré tout l'été avec ma course d'élan et je souffrais du dos. Cinq jours avant les qualifications de Londres, suite à une manipulation classique avec mon kiné, j'étais carrément bloqué. Je n'arrivais plus à marcher. J'étais chez moi à chialer, la main contre le mur, en me disant que je devais partir jouer un titre mondial en étant diminué physiquement comme jamais et pour la première fois. Et puis, en arrivant à Londres, la manipulation faisait ses effets. Elle visait à libérer mon corps et, jour après jour, j'en ressentais de plus en plus les bénéfices.

Après les qualifs, le soulagement d'être passé, je me suis même dit que j'avais un truc à faire. La finale a été un sacré concours, je suis passé par toutes les émotions. Un premier essai raté à 5,82 m me sort du podium, je garde les deux essais restant pour 5,89 m, que je passe au dernier et me revoilà sur le podium. Là, je me suis dit que j'étais dans mon stade, que j'allais refaire le coup des JO. Et à 5,95 m, je manque d'un cheveu. Franchement, sur mon deuxième essai, je suis vraiment au-dessus de la barre mais ça ne déplace pas assez et je la touche à peine trop en retombant. Sans ça, j'aurais alors pris la tête du concours et j'aurais peut-être gagné ce titre l'année où j'étais le moins bien armé. Un comble. En tout cas, c'est ce que m'a dit Sam très vite ce soir-là. Lui est passé au troisième, avec la chance que je n'ai pas eue moi. J'ai gardé mon dernier essai pour 6,01 m mais ça ne l'a pas fait. Kendricks a gagné, j'ai fini troisième et ce n'est qu'à ce moment-là que j'ai parlé publiquement de mon accident de moto de l'automne. Avant, ça m'était impossible. Je craignais que les gens ne comprennent pas, qu'ils me reprochent de mettre ma carrière en danger avec la moto. Or, après Rio, je n'avais clairement pas besoin de me faire défoncer encore une fois. J'ai entendu beaucoup de bêtises d'ailleurs, certains se demandaient comment c'était possible que je sois autorisé à faire de la moto. Mais je ne suis pas salarié d'un club collectif ! Il n'y a évidemment aucune clause de ce genre dans mes contrats avec des partenaires. Le seul pénalisé en cas de pépins, de toute façon, c'est moi.

Si on écoutait les gens, on ne ferait que dormir, s'entraîner et manger. Mais la vie est un risque. Je maintiens que la prise de risque est relative en moto, qu'on ne fait rien d'inconsidéré sur un circuit, que les pilotes ne sont pas des trompe-la-mort. Sur quinze glissades à moto, Magny-Cours est le seul accident où je me suis fait mal, sans même m'en rendre compte sur le coup. On peut considérer que cet accident a été un tournant dans ma carrière. Le fait est que je n'ai pas refait de compétition moto depuis. Mais ça a failli être le cas. À l'hiver 2020, je voulais refaire le Bol d'argent après les Jeux de Tokyo, qui étaient normalement prévus cet été-là. On montait un joli projet avec Tom Pagès, un super pilote touche-à-tout, motocross, enduro, endurance, freestyle, vainqueur des X Games. Mais le Covid est arrivé. Maintenant, j'attends, peut-être après les JO de Paris. J'ai revu Tom il y a peu, il est toujours chaud pour qu'on fasse quelque chose ensemble. Voilà, c'est comme ça, c'est qui je suis.

* * *

Mon accident de Magny-Cours n'est de toute façon pas la raison pour laquelle je me suis fait mal à la cuisse en sautant à la perche lors d'une séance, plus tard, quand je préparais l'hiver. Ce serait trop facile.

D'ailleurs, à l'hiver 2018, j'ai gagné un troisième titre de champion du monde en salle à Birmingham, après 2012 et 2016. En sautant à 5,90 m, au bout d'un hiver que j'ai fini meilleur performer mondial avec 5,93 m. Et à l'été 2018, je n'ai aucun problème particulier. Je suis médaillé de bronze européen à Berlin avec 5,95 m, lors d'un Euro où Mondo explose avec 6,05 m. Pour mon genou, j'ai simplement eu des infiltrations jusqu'en 2019. Assez rapidement, c'est devenu des injections de gel pour remplacer la synovie, ce qui relève plus du préventif que du soin. J'ai refait une injection en 2022 et j'en referai si besoin mais aujourd'hui je ne me plains plus du genou.

Finalement, on peut considérer que je me suis saboté tout seul si l'on parle de ma mauvaise gestion des blessures : reprendre trop tôt m'a coûté beaucoup de temps. Ce qui m'a desservi, c'est ma passion pour la perche, notamment la saison en salle, et de ne pas accepter de faire l'impasse complètement. Un problème récurrent dans ma carrière. Ce sera pareil à l'hiver 2019. J'ai une surcharge d'entraînement mais, au lieu de prendre trois semaines, je pars en stage et bim ! mon quadri gauche pète en janvier. Je ne me suis arrêté que lorsque la blessure a été grave et j'ai alors pris le temps, en me disant que les Mondiaux à Doha étaient tard cette année-là, à l'automne. De fait, physiquement, j'ai récupéré, mais il m'a manqué du temps, le temps que je n'ai pas su prendre dès décembre... Ce temps, j'ai accepté de le prendre l'hiver dernier. C'est l'expérience. Mais il n'a pas suffi, j'en reparlerai. Le fait que j'ai un seuil de résistance à la douleur élevé ne m'a pas aidé pour ces choses-là. Quand on s'habitue à faire des choses exceptionnelles, on ne sait plus où est la norme. J'ai toujours fait les choses à fond, notamment à l'entraînement, mais il faut être capable de calmer le jeu pour refaire des trucs de fou.

Malgré tout, je n'ai jamais coupé avec la moto. Ni avec son milieu, où je compte de vrais amis, ni avec la pratique. J'ai toujours continué d'aller tourner à Issoire en fin de saison avec ma Yamaha R1, une 1 000 préparée piste. Et je continuerai. C'est important pour moi à plein d'égards. Tourner sur circuit me permet d'être plus mesuré sur la route. Ça m'autorégule, ça me canalise et ça participe à mon équilibre mental. D'autres font du golf, je ne juge pas.

CHAPITRE 12

BLEU, BLANC, ROUGE

Candidature au CIO,
élections à World Athletics, CNOSF,
porte-drapeau, blessures, désillusion…

En 2019, au moment où je m'apprêtais à candidater pour la commission Athlètes de World Athletics, se posait la question du renouvellement de celle du CIO. On y est élu pour huit ans, il ne peut y avoir qu'un sportif par pays, et le mandat de Tony Estanguet, élu à Londres en 2012, devait arriver à son terme en 2020, lors des JO de Tokyo. Différentes personnes m'ont dit que, au-delà du champ que ça pouvait m'ouvrir à titre personnel pour le futur, je pouvais avoir le profil, que ce serait important qu'il y ait un Français et que ce serait bien que l'athlétisme, premier sport olympique français, regagne un peu de considération ou de poids.

En vérité, l'athlétisme est dans une situation assez spéciale. C'est à la fois le sport olympique numéro un, et de très loin, faisant tous les quatre ans les plus grosses audiences de l'événement le plus médiatique du monde, et en même temps ce n'est pas un sport pleinement professionnel. Il y a de très grandes stars dans l'athlé, qui vivent très bien, avec de beaux contrats, mais elles ne sont pas nombreuses et il y a d'énormes disparités, notamment en fonction des disciplines à l'intérieur d'un sport multiple. Vous pouvez clairement être médaillé olympique en athlétisme et ne pas rouler sur l'or, très loin de là même. Or, les autres sports olympiques prennent ombrage de la médiatisation de l'athlétisme aux JO et nous en veulent plus ou moins ouvertement. Donc, dès qu'il s'agit de politique institutionnelle dans le sport, l'athlé se fait régulièrement renvoyer dans ses 22 mètres par les petites fédérations olympiques, comme si on avait déjà bien assez de lumière comme ça et qu'il fallait en laisser plus aux autres. L'athlé est finalement un peu perdant de tous les côtés car il est pris en sandwich entre ceux qui le jalousent forcément un peu, et les grands sports collectifs très riches et très pros qui le regardent un peu de haut. Si certains le voient comme un grand sport, c'est malheureusement clairement le plus petit d'entre eux ; si d'autres le classent parmi les petits sports, on lui reproche d'être le plus grand d'entre eux.

Quand on a commencé à mettre ma candidature sur le papier, j'ai bien sûr dû en parler avec Denis Masséglia, qui présidait alors le CNOSF, le Comité national olympique et sportif français. Car c'est aux comités nationaux de porter la candidature de leurs athlètes aux CIO. Je m'en suis même entretenu à plusieurs reprises avec Masséglia et, dans un premier temps, je n'ai pas du tout senti que ma route était barrée. J'en avais aussi bien sûr parlé avec Guy Drut, champion olympique 1976 du 110 m haies et membre du CIO. Et avec d'autres. Certaines personnes m'ont clairement encouragé et, en tout cas, personne ne m'en a dissuadé dans un premier temps. Et puis a commencé à sortir le fait que Martin Fourcade avait également cette idée depuis longtemps, que c'était d'une certaine manière dans son plan de carrière. Mais c'est d'abord revenu à moi de manière indirecte. Puis plus ouvertement, mais j'avais alors déjà mis un certain nombre de choses en place de mon côté. Je ne trouvais vraiment pas ça très classe. On me disait qu'on avait déjà plus ou moins fait la promesse à Martin. Et moi alors ? J'y voyais clairement de la basse politique, où tout se décide dans l'ombre, et ça ne me plaît pas. J'ai donc répondu que maintenant que je m'étais lancé, je continuerais.

Pour bien comprendre, il faut savoir qu'on ne peut se présenter que lors d'une édition des JO dans lesquels on concourt, été ou hiver. Dans mon cas, ça devait donc être les JO de Tokyo 2020 ; dans celui de Martin, les JO de Pékin 2022. Si bien que si je venais à être élu en 2020, ce qui restait à voir, Martin ne pourrait plus se présenter en 2022. À l'été 2019, le CNOSF s'est ainsi retrouvé coincé et il a décidé de faire les choses démocratiquement. Enfin, c'est comme ça que c'était présenté. Une promesse avait été faite à Martin mais certains commençaient à se dire que Lavillenie, dans un contexte de vote de sportifs internationaux à des JO, avait quand même peut-être une chance d'être élu. Parce que l'athlétisme a un poids supérieur à celui du biathlon à l'international, malgré tout le respect que j'ai pour ce sport et pour Martin, je tiens à le préciser, et parce que j'y ai pris de la place au fil des années. On a eu des entretiens, je voyais que les choses commençaient à m'échapper et ma fédération, la FFA, voyait bien que beaucoup d'autres rechignaient à soutenir l'athlé.

J'en ai alors discuté assez longuement avec Tony. Il était censé être neutre. Mais on me disait : « Renaud, si ça ne se passe pas bien pour toi, tu seras le grand perdant, en termes d'image, etc. » En réalité, si je venais à ne pas être élu, ça permettait à Martin de se présenter deux ans plus tard et ça donnait en réalité deux chances à la France. Je ne comprenais donc pas qu'on puisse dire que c'était pour mon bien. Mais après m'avoir laissé me lancer, Masséglia changeait son fusil d'épaule, affirmait qu'il ne m'avait jamais dit ça comme ça. On m'a sorti différents arguments, par exemple qu'il fallait renforcer le poids des sports d'hiver. Je ne voyais pas en quoi cela était si important dans la perspective des Jeux de Paris. Avec Martin, on s'est retrouvés au milieu de tout ça, mis en concurrence malgré nous.

Un vote a été décidé pour choisir laquelle de nos deux candidatures serait portée par le CNOSF – du jamais vu, je crois. Ils ont choisi un corps électoral d'une quinzaine de membres comprenant des fédérations françaises, les élus français au CIO et des représentants des sportifs. Ils nous ont auditionnés mais j'ai compris que bien des responsables s'étaient engagés auprès de Martin. Je l'ai compris avant l'élection mais je n'ai pas voulu leur faire le plaisir de renoncer avant le terme, ce qu'ils auraient aimé. D'autres m'encourageaient au contraire à aller jusqu'au bout. Comme prévu et anticipé, Martin a été élu par cette commission, très nettement élu.

* * *

Le fait est que j'ai de très bons rapports avec Martin et on a toujours de très bonnes relations depuis cette histoire. On a souvent échangé. Quand il a lancé son Nordic Festival, il m'avait par exemple appelé pour que je partage avec lui mon expérience d'organisateur du All Star Perche. Je pense que Martin était sincèrement désolé de la situation. On a eu une longue discussion avant ce vote, où on faisait le même constat, de se retrouver dans une situation qu'on n'aurait jamais dû vivre, livrés aux médias comparant nos carrières. Notez bien que j'aurais rêvé être dans une discipline où j'aurais quatre chances individuelles d'être champion olympique à chaque JO mais ça n'avait aucun sens et ce n'était évidemment pas le sujet. On a tous les deux marqué l'histoire de notre sport, y compris aux JO, et il fallait s'en tenir là. Après, Martin a une personnalité plus consensuelle que la mienne.

Ma façon de fonctionner est frontale, elle peut en heurter certains. Mais je n'ai aucun problème avec le fait que Martin représente la France au CIO. Bien au contraire, c'est vraiment quelqu'un de très bien, il en a l'envie de longue date et les qualités. J'ai d'ailleurs été très heureux et soulagé qu'il soit élu aux CIO pendant les JO de Pékin 2022 parce que si ça n'avait pas été le cas, la représentation du sport français aurait tout perdu. Ce que je n'apprécie pas, c'est la manière dont cela s'est passé. Je ne trouve pas fair-play, ni respectueux pour moi, que des gens supposés impartiaux me conseillent de me retirer alors que j'avais sûrement des chances d'être élu au CIO pour représenter la France. Peut-être suis-je trop naïf, pas assez politique, trop sportif.

Le fait est que cela a plombé ma fin de saison 2019. J'ai appris les résultats de ce vote juste avant mon dernier concours de préparation pour les Mondiaux de Doha, programmés fin septembre. J'étais à Aix-la-Chapelle, il pleuvait, j'ai fait zéro. Ensuite, à Doha, je ne peux pas dire que ça m'a coûté ma qualification pour la finale, ce serait un peu trop facile. Mais ça m'a pompé de l'énergie sur les dernières semaines de préparation. Je sortais d'une grosse blessure, l'hiver. Ça m'avait pris beaucoup de temps. Je manquais de compétitions de référence. J'avais fait mes six premiers concours sur seize foulées, dont les championnats de France à Saint-Étienne, mais sauté trois fois entre 5,80 m et 5,85 m quand même. Après, j'avais eu un énorme vent de côté à Chorzow, mes perches touchaient le tapis en flexion à Charléty, et la pluie à Aix-la-Chapelle pour finir. Ça ne voulait pas. Pourtant, les sensations revenaient et il y avait beaucoup mieux à faire qu'une élimination en qualifs avec 5,60 m à Doha. C'est la première fois que ça m'arrivait depuis les Mondiaux en salle 2010, presque dix ans avant, déjà à Doha. Je me suis dit que j'étais maudit là-bas, mais c'est idiot.

À Doha, c'est la première fois de ma vie que je me suis totalement emmêlé dans ma course d'élan. Je n'étais pas vraiment à ce que je faisais, ça ne m'était jamais arrivé. Le coup dur du CNOSF juste avant, que je ne qualifierais pas d'humiliation, le terme serait trop fort, mais le sentiment de m'être totalement fait avoir, a joué dans mon échec total au Qatar, c'est évident. La seule bonne nouvelle que j'ai enregistrée à Doha, c'est mon élection en première position à la commission des Athlètes de World Athletics, un vote certes cantonné à mon seul sport, mais à l'international. Ce qui a donc conforté les raisons de ma démarche et l'idée que j'étais légitime pour candidater dans des instances comme le CIO. J'ai d'ailleurs été réélu en cet été 2023 lors des Mondiaux à Budapest, malgré mon forfait. Je suis convaincu que CIO et WA auraient été complémentaires. Mais il faut croire que j'ai plus de soutiens à l'international qu'en France.

* * *

Je ne me serais jamais permis de me lancer dans tout ça si je n'avais pas été à un stade déjà avancé de ma carrière. Mais quand la Fédé française m'a parlé de World Athletics, du fait que j'étais reconnu et que la France avait besoin d'être plus présente dans les institutions, j'ai accepté. Je ne savais absolument pas à quoi m'attendre à Doha mais environ un athlète sur deux m'a mis sur sa liste. Étant en tête du vote, j'étais légitime pour prendre la présidence de la commission. Cela faisait déjà quelques années que j'étais organisateur du All Star Perche, donc je connais aussi ce qui se passe de l'autre côté de la barrière. Dans les statuts de WA, cette position fait aussi de moi un membre du Conseil, où se prennent les décisions. Ça me prend du temps, c'est parfois un peu frustrant car on est obligé de faire des compromis ou parce que ça ne va pas assez vite. Mais je suis content, c'est intéressant et important.

Pendant la période Covid, par exemple, j'ai été très impliqué sur les aides financières aux athlètes, le maintien de certaines compétitions. On ne peut pas toujours aller dans le sens des athlètes mais on peut obtenir des choses. On peut être en désaccord mais aussi mieux comprendre. Par exemple sur la suspension des athlètes russes en raison du dopage, ça peut sembler dur pour certains athlètes russes que je connais, pour quelques dizaines d'entre eux qui n'y sont pour rien, mais quand on voit l'étendue du problème à l'intérieur du système russe, c'était aussi une manière de protéger des milliers d'athlètes. Concernant la guerre en Ukraine, WA a choisi de bannir les Russes et les Biélorusses, et je reconnais que c'est compliqué pour les athlètes concernés de dire ouvertement ce qu'ils pensent de Poutine. Mais il est alors impossible de savoir qui est pour et qui est contre. Et je me mets à la place des Ukrainiens, qui ne savent pas si Untel ou Unetelle est d'accord avec le fait que leur maison soit bombardée et leur famille massacrée.

À la tête de World Athletics, je pense que Sebastian Coe est la bonne personne au bon moment. En 2015, quand il s'est présenté, c'était face à Sergueï Bubka, contre lequel je ne pouvais pas faire campagne bien sûr. Mais quand on songe à l'état de la fédération internationale avant, sous Lamine Diack, le dopage, la corruption… Seb a fait un gros boulot d'assainissement. On ne pouvait évidemment que faire mieux, mais il tient la baraque et peu y seraient parvenus. Il est là jusqu'en 2027. Parfois, en discutant, il m'a fait comprendre que je devrais réfléchir à la suite, prendre encore plus de responsabilités, parce qu'il tient à ce que ce soient d'anciens champions qui gèrent leur sport. Ça me semble loin, évidemment, et ça ne se fera pas tant que je suis en activité, or je compte l'être le plus longtemps possible. J'ai encore aussi énormément de choses à apprendre. Mais j'adore mon sport, j'adorerais l'aider, alors je verrai…

* * *

Après l'histoire du CIO est venue la question du porte-drapeau pour les JO de Tokyo. Très vite, Martin a soutenu l'idée que le CNOSF me devait bien ça, au moins, non pas pour compenser, car ça ne se situe pas du tout au même niveau, mais parce que je méritais quand même un peu, dans l'absolu, d'être le porte-drapeau de la délégation française aux Jeux. Et Denis et Tony en étaient tout à fait d'accord. Ça ressemblait un peu à une promesse, un peu à celle qu'ils avaient faite à Martin. Et puis, là encore, on m'a ensuite expliqué qu'il fallait que ce soit démocratique, qu'ils ne pouvaient pas me nommer comme ils le faisaient dans le temps, que ça devait venir d'un vote des sportifs, qu'ils avaient déjà fait ça la dernière fois pour Rio, etc.

Donc chaque fédération devait proposer le nom d'un sportif et d'une sportive pour constituer pour la première fois un duo, ce que proposait le CIO par souci de parité. Un peu partout, on lisait que Clarisse Agbégnénou et Renaud Lavillenie partaient favoris, qu'ils avaient la légitimité du palmarès. Sauf que ça ne fonctionne pas, ou plus vraiment comme ça. Donc, on était une vingtaine de candidats proposés par les fédérations. Dans le cas de l'athlé, j'étais en compagnie de Mélina Robert-Michon. Au CNOSF, on me disait en privé que la logique voudrait que ça se joue entre Florent Manaudou et moi mais que Florent était un peu moins investi que moi. On avait des palmarès très proches, champions puis vice-champions olympiques. Or, depuis cinquante ans, les porte-drapeaux français étaient des champions olympiques.

Le jour du vote, je sautais en meeting à Stockholm. J'ai passé 5,92 m, tous les feux étaient encore au vert pour Tokyo. On m'avait demandé de rentrer à Paris le lendemain à la première heure pour l'annonce officielle et une journée média assez remplie. À 23 heures, le CNOSF avait les résultats du vote mais il ne pouvait pas communiquer dessus, c'était sous embargo. Ils m'ont appelé, tard, pour me dire qu'ils étaient désolés, qu'ils ne savaient pas comment cela avait pu arriver, mais que ce n'était pas moi. Je me souviens avoir répondu tout de suite : « C'est cool pour Florent ! » Et là, ils m'ont dit : « Ah ! non, ce n'est pas lui non plus ! » J'étais dans l'incompréhension la plus totale. On a échangé avec Florent ce jour-là, il m'avait envoyé un message sympa où il me disait qu'il avait voté pour moi, mais en numéro 2 seulement, tout en ajoutant : « Je pense que ce sera toi, t'as beaucoup plus de chances que moi d'y être… » Le soir, Florent me dit donc : « Bravo pour tes 5,92 m ! Et alors, alors ? Ils n'ont pas voulu me le dire et m'ont demandé de ne pas t'écrire, mais si c'est toi, je te félicite. » Quand ils l'ont averti que ce n'était pas lui, il était convaincu que c'était donc moi mais je lui ai répondu que non, ce n'était ni lui, ni moi.

Quand j'ai appris que le gymnaste Samir Aït-Saïd avait été élu porte-drapeau, je me suis un peu interrogé. Je n'ai rien contre lui, on s'entend très bien et je l'ai immédiatement félicité. Mais ce vote semblait un peu tomber de la lune quand même et c'était une énorme surprise pour tout le monde, lui compris. Je vous avoue aujourd'hui que j'ai repensé au système de vote électronique. Il y avait deux listes, hommes et femmes, par ordre alphabétique. On était soixante-quatre votants, deux par fédé olympique, et on devait déplacer les noms pour modifier l'ordre de la liste en fonction de nos choix. On avait le droit de mettre trois noms par ordre de préférence. Mais si on ne touchait à rien dans le temps de vote imparti, l'ordre alphabétique faisait la position. Et si vous mettiez Florent Manaudou en un et que vous ne faisiez pas d'autre choix, Samir restait deuxième. Je ne suis pas sûr que Clarisse, qui était aussi la première dans l'ordre alphabétique, ait eu besoin de ça pour gagner. Mais pour Samir…

* * *

Les conséquences de cette histoire sont peut-être plus importantes que ce que les gens imaginent. Je considère pour ma part que c'est indirectement la cause de ma blessure, cinq jours plus tard, au meeting de Sotteville, le dernier avant les JO de Tokyo. Je n'ai pas dormi la nuit qui a suivi Stockholm. Je suis rentré très tôt à Paris, comme demandé, pour passer une journée forcément pas très agréable, avec une énorme fatigue mentale et nerveuse. On avait pas mal anticipé mon voyage au Japon en fonction de cette cérémonie d'ouverture, très en amont des épreuves d'athlé, alors que notre camp de base n'était pas à Tokyo mais à Kobe. Il a fallu tout changer. C'était perturbant. J'ai pris un gros coup. Or le saut d'échauffement où je retombe sur le tapis en me faisant une entorse de la cheville, à Sotteville, est justement dû à un petit manque de fraîcheur physique et mentale.

On pourrait dire que je n'avais qu'à ne pas faire cette compétition mais elle était importante pour mes derniers réglages avant Tokyo, alors que tout commençait à se mettre en place, que je n'étais repassé sur vingt foulées qu'à Stockholm. Mon rêve de troisième médaille olympique s'est envolé ce jour-là à Sotteville et ce qui s'est passé à Sotteville est en partie la conséquence de cette histoire. Évidemment que porte-drapeau n'est qu'une affaire de prestige, que ne pas l'avoir été ne change rien de fondamental à ma vie. Mais je fais partie des gens pour qui ce prestige, que je considère historiquement lié à la reconnaissance d'une carrière olympique, n'a rien d'anecdotique. Au contraire, pour moi, ça compte même beaucoup. Certains trouveront ça un peu bête mais l'attachement au maillot et au drapeau, surtout aux JO, est pour moi essentiel.

Bien évidemment, je n'en veux pas à Samir, d'ailleurs pourquoi lui en voudrais-je ? Je lui ai envoyé un message de félicitations très vite, à 9 heures du matin. Et il m'a répondu en me remerciant et en me précisant qu'il avait d'ailleurs été le premier surpris. Samir s'était présenté sans trop y croire, je pense. Je me souviens qu'on nous avait demandé en amont du vote de faire chacun une vidéo pour se présenter, et Samir n'en avait pas fait. Mais il y a eu pas mal de sous-entendus, notamment des remarques sur le fait que je n'avais pas félicité Samir publiquement. Je trouve le monde d'aujourd'hui incroyable de ce point de vue là. On considère donc que si on ne fait pas quelque chose publiquement, on ne fait rien ! On considère que si on ne poste pas ses messages personnels sur les réseaux, il n'y a pas de messages personnels ! Bah non, bien sûr que non ! Si Florent, que je connais beaucoup mieux, avec qui il y a une rivalité, du chambrage et du second degré, avait été élu, j'aurais procédé de la même manière, avec un message privé. Je vais même plus loin, un message privé, personnel, a pour moi beaucoup plus de valeur qu'un post sur Twitter ou Instagram. Beaucoup de choses se perdent, se volatilisent avec cette façon d'utiliser les réseaux pour tout. C'est de l'affichage. Je suis toujours beaucoup plus touché de recevoir un message personnel qu'un truc passe-partout ouvert à tous. Ça n'a pas la même valeur.

On touche là le cœur de ma personnalité. Je n'oublie pas que c'est elle qui m'a permis de connaître le succès sportif, un peu en marge du système, alors que personne ne croyait en moi. Et je préfère rester fidèle à mes valeurs, à l'authenticité. Les gens aimeraient que je sois plus lisse, plus politique, avec le souci d'une communication où rien ne dépasse, rien ne heurte. Mais je regrette aujourd'hui de ne pas avoir ouvert ma gueule sur ces histoires avec le CNOSF, qui me l'a quand même fait un peu à l'envers. Considérer que cela ferait de moi un mauvais perdant reviendrait à dire que les personnes lésées devraient se taire... Avec ce genre de raisonnement, on n'est pas près de mettre fin aux injustices. Ouvrir ma gueule, c'est plus moi, et tant pis si ça ne plaît pas à certains. Ne surtout pas faire de vagues n'est ni dans ma nature ni ce que j'aime chez les autres champions. Je préfère ceux qui ont des aspérités à ceux qui s'en remettent à leur community manager. Cette communication-là, je la trouve sans intérêt. Quand j'ai découvert les réseaux sociaux et que j'ai plongé dedans il y a une dizaine d'années, c'était justement pour dire qui j'étais. Ils permettent à l'athlète de s'adresser en direct à une communauté, et non par l'intermédiaire d'un filtre médiatique qui lui échappe ou celui d'une com' calculée, propre, qui ne doit surtout pas froisser, quitte à ne plus correspondre à ce que vous êtes.

Si je me qualifie pour les JO de Paris, et je vais tout faire pour, je serai sûrement à nouveau candidat au rôle de porte-drapeau. Même si je n'y crois plus. En abandonnant le critère officieux d'avoir été champion olympique, on a ouvert la porte pour que quelqu'un comme Kylian Mbappé soit désigné s'il le souhaite. C'est vrai que ce serait un truc de fou, mais aussi la confirmation qu'on est passé à autre chose. Après, c'est peut-être en n'y croyant plus que, justement…

CHAPITRE 13

TOKYO

3es JO, entorse, compte à rebours, sort, Euro de Torun, Valentin, fraternité, rivalité, public-privé…

À Sotteville, le 11 juillet 2021, à l'échauffement de mon dernier meeting de préparation pour les Jeux olympiques de Tokyo, ma cheville est partie quand je suis retombé sur l'avancée du tapis. J'ai senti un « crac » et j'ai tout de suite pensé au pire à trois semaines des JO. J'étais à terre, ou plutôt sur le tapis en l'occurrence, et je me suis dit que c'était mort. Pourtant, ça ne l'était pas encore. Mais comment aurais-je alors pu imaginer le nombre de rebondissements qui restaient à venir ?

J'ai immédiatement foncé pour passer une radio, dont j'ai eu le résultat avant même que le concours ne soit fini. Elle montrait qu'il n'y avait rien de cassé, ce qui m'aurait mis à l'arrêt au minimum six semaines. Sans fracture, je me suis dit qu'il était hors de question d'abandonner mon rêve olympique. J'avais été médaillé d'or en 2012, d'argent en 2016, je voulais devenir le premier perchiste de l'histoire à remporter une troisième médaille olympique, quand bien même elle serait de bronze. Jusqu'à Sotteville, tous les indicateurs étaient d'ailleurs au vert. Je venais de sauter à 5,92 m à Stockholm, ma meilleure perf de l'été, certes derrière Duplantis, encore 10 cm au-dessus, plus personne n'envisageait de toute façon sérieusement de battre Mondo, mais au même niveau que Kendricks ce jour-là et plus haut que tous les autres, notamment Nilsen et Obiena. Or ça ressemblait quand même beaucoup à la répétition générale avant Tokyo.

Si la radio passée à Sotteville m'avait rassuré sur l'absence de fracture, les examens complémentaires ont néanmoins montré que j'avais une rupture du ligament talo-fibulaire, une très vilaine entorse de la cheville en quelque sorte. Je me suis immédiatement dit, avec mon staff, qu'on allait faire tout ce qui était possible pour tenter l'impossible justement et être compétitif à Tokyo. Je n'avais rien à perdre. Pour les Jeux, j'étais prêt à y laisser une cheville. On a alors enclenché un drôle de compte à rebours et je crois avoir fait tout ce que je pouvais. Je vous laisse en juger.

Je me blesse le 11 juillet. Les qualifications de la perche sont fixées au 30 à Tokyo. Le 12, je passe donc en mode guerrier. Je savais depuis une semaine que je ne serais pas porte-drapeau et il était dès lors prévu que je parte plus tard au Japon. On décide d'abord de décaler encore mon voyage pour optimiser les soins à Clermont. Ils sont biquotidiens, avec mon kiné le matin et avec un autre le soir. On travaille sur de la détente, de la libération. Il ne fallait pas laisser la cheville bloquée sous peine de créer des adhérences. Dans un premier temps, on a évacué le trauma, drainé l'hématome, puis travaillé sur la cicatrisation et le côté fonctionnel. Le lundi j'avais 2 h plus 2 h 15 de kiné, deux fois 30 minutes de prépa physique et 1 h 30 de cryothérapie et compression sur la cheville. Entre, je ne faisais que récupérer de la séance d'avant. Le mardi, pareil. Le mercredi, idem, etc. Ma cheville avait bien gonflé. Mais ce qui aurait pu prendre trois semaines à résorber n'a pris que cinq jours. À J+5, j'ai donc repris la course. C'était horrible, raide et douloureux. J'ai une capacité à passer au-delà de la douleur, ce qui a pu me jouer des tours par le passé, mais là, j'étais carrément en mission. Problème : c'était mon pied d'impulsion. Avantage : si je ne pouvais absolument pas bouger ma cheville latéralement, je le pouvais dans le sens de la course, d'avant en arrière. Or, pour sauter à la perche, on court tout droit.

En onze jours, j'ai ainsi bossé 67 heures, soit 33 heures de kiné, 9 heures de prépa physique, 8 heures d'entraînement et 17 heures de cryo. C'est simple, je ne pouvais pas faire plus, je n'avais plus de créneau horaire de libre. Normalement, on fait ça en un mois au minimum. Mais les progrès étaient notables de jour en jour. Je suis passé de regagner un peu de flexion à marcher, faire de la proprioception puis courir. Le temps raccourci et gagné, je devais forcément le payer à un moment, plus tard, après les JO. Je le savais et je l'admettais. J'ai ressauté à la perche dès le 19 juillet, onze jours avant les qualifs. J'ai morflé. Je suis parti au Japon avec deux ou trois séances dans les jambes. Je savais que je ne serais jamais aussi performant que je l'avais imaginé avant la blessure, mais j'avais encore du temps. La première séance que je fais en arrivant au camp d'entraînement de l'athlétisme français à Kobe est bonne. Évidemment, les circonstances de ces Jeux n'ont dès lors plus rien à voir avec celles de Londres et Rio, où j'arrivais pour jouer l'or. Là, objectivement, même entrer en finale était improbable. Je n'avais pas caché ma blessure mais je n'ai pas dit sa gravité. Seul mon entourage dans l'équipe de France le savait.

Le 25, je fais une très bonne séance et je commence à me dire que ça devient intéressant. Mais le lendemain, je ne pouvais plus rien faire, la cheville était bloquée. Le premier coup d'arrêt dans le processus. Je savais que ça pouvait arriver à tout moment. À ce moment-là, j'étais dans les mains du staff médical de l'équipe de France d'athlé et non plus de celles de mon médecin et de mon kiné, restés en France. De Clermont, mon doc dit qu'il faut remettre un coup d'anti-inflammatoires. On débat sur quoi faire. On opte pour une mésothérapie, des petites injections autour de la zone, mais pas au plus proche, pas en profondeur. Je courais moyen. On cherche le meilleur strap. Mon doc plaide pour une infiltration au plus proche du ligament pour casser l'inflammation. Mais le médical fédéral n'est pas chaud, le protocole n'est pas banal, jamais vu, je crois, et je l'écoute. Je renonce à mon dernier entraînement de perche. On décide d'une infiltration lorsque j'arriverai à Tokyo, deux jours avant les qualifs. Sauf qu'en arrivant à Tokyo, je passe une échographie et le staff médical de l'équipe de France olympique s'oppose à l'infiltration. J'aurais pu insister car j'étais décisionnaire en dernier ressort, mais c'était délicat, c'étaient eux, les médecins, même s'ils étaient en désaccord avec celui qui me suit alors depuis dix ans. Comme ça progressait un peu, on se dit qu'on en reparlera après les qualifs... si je passe en finale.

Ces anti-inflammatoires, je comptais dessus, je pense qu'ils auraient pu libérer quelques petites choses, physiquement et surtout mentalement. Dans le même temps, je me souviens que Kevin Mayer souffrait, avant et au début de son décathlon, mais qu'il n'a accepté les anti-inflammatoires qu'au soir de son premier jour de compétition. Le rapport aux anti-inflammatoires est propre à chacun. Je considère personnellement qu'il n'y a pas de raison de refuser quelque chose d'autorisé pour se soigner. Ce qui est interdit, c'est une infiltration pendant une compétition directement dans le tendon ou dans un muscle, ce qui me paraît logique car c'est la porte à tous les dopages. Pour le reste, c'est un peu comme une religion, chacun est libre d'avoir la sienne et c'est respectable. En tout cas, je n'ai jamais eu recours à des infiltrations de confort pendant toute ma carrière et beaucoup se font infiltrer avant que j'aie mal. Avant cette blessure-là, je ne me souviens pas avoir eu plus de deux ou trois infiltrations, c'était dans mon genou, en 2017-2018, après mon accident...

* * *

En qualifications, je me bats avec mes armes du jour, je prends une perche adaptée, une 4,90 m, je n'ai jamais fait de championnats avec une perche si petite, et sur seulement seize foulées d'élan. J'attaque à 5,50 m, je suis trop près au premier essai, puis je retombe sur la barre au deuxième parce que je ne me libère pas assez en course. Je mets plus d'engagement au troisième, je rattrape bien le saut en l'air et je passe bien. Je me suis alors dit que j'avais d'une certaine manière déjà réussi mes Jeux. À 5,65 m, j'espère passer au premier essai mais je n'impulse pas assez au décollage. Je ne le fais qu'au deuxième essai. Je suis alors quatorzième et il me faut passer une autre barre pour entrer dans les douze finalistes. Mon saut à 5,75 m est formidable, un vrai saut, à une vraie hauteur pour des qualifs, pour une vraie joie et une grande fierté vingt jours après une grave entorse.

Derrière, on avait deux jours off. On multiplie les soins. La veille de la finale, je fais une bonne séance de course au pied du building du village, à côté des handballeurs qui s'entraînent. Je commençais à avoir de bonnes vibrations. L'ambiance était un peu irréelle pendant ces Jeux de Tokyo. Pour qui avait vécu comme moi celle de Londres, vivre des Jeux sous la chape de plomb du Covid, sans spectateurs, c'était forcément étrange. Mais ma propre situation était irréelle. Ça explique peut-être en partie que j'aie abordé ces Jeux de manière très pragmatique, en me disant qu'ils auraient pu ne jamais avoir lieu. Et puis ça faisait un an qu'on concourait dans des stades vides ou presque, avec des jauges au mieux extrêmement réduites. Pour moi, c'était déjà extraordinaire d'être là, à plein d'égards. De toute façon, je crois que l'enjeu des Jeux est tellement grand qu'on arrive à faire abstraction de certains paramètres, même le public. Ceux qui ont dû en souffrir, ce sont surtout les athlètes japonais. Si l'on se réfère au niveau des performances, il a été exceptionnel.

Quand arrive le grand jour de la finale, je me dis que je vais tout tenter pour décrocher un podium. Je m'autorise à y penser. Je m'échauffe bien, je suis bien strappé et j'en oublie presque ma cheville. Je fais un saut avec de la vitesse et je retrouve ce bonheur d'être tout à ma finale. Je passe sur vingt foulées et je fais un très bon saut avec une 5 m/15.4. J'y crois. Pour me donner une chance de monter sur le podium, je prends une perche plus grosse, une 15.0. Le premier saut n'est pas mal mais je veux en faire un qui avance vraiment. J'ai besoin de repères, de me rassurer en quelque sorte. Mais je fais le saut de trop. Je ne cours pas bien, je rate le décollage, la perche ne tape pas dans le butoir mais juste au-dessus, elle se comprime trop horizontalement. Je n'ai dès lors plus aucune chance de retomber sur le tapis. Je suis renvoyé vers la piste, je suis à 4 m de hauteur et je réfléchis très vite. Mon pied gauche est pourri et, si je retombe dessus, je m'explose définitivement la cheville. Pas le choix, j'opte pour le pied droit. Il prend tout. Méga talonnade. Mon talon droit est défoncé, je ne peux plus le poser par terre. Tout s'effondre, je ne peux plus rien espérer. Je glace mais je prends un grand coup au moral. Je commençais à y croire et je redescends d'un coup.

Je décide donc de débuter à 5,70 m pour me donner un peu de temps. Je fais des tests de course, en basket. Au moindre appui talon, je souffre trop. Mais avec mes pointes, sans poser le talon, en griffant la piste avec les pointes et en serrant très fort les dents, j'arrive à faire des trucs. Alors je me dis que je vais essayer, strappé des deux pieds, un ligament rompu à gauche, un talon foutu à droite. Et là, je ne sais pas comment, mais je passe 5,70 m. Une forme d'exploit tellement je suis diminué. Dire de combien est difficile à chiffrer. Mais fin juin, je prenais des perches de 5,10 m et 14.6 de dureté alors que je suis là avec une 5 m/15.4, une perche de début d'échauffement. C'est cinq perches d'écart dans la gamme de ce que j'aurais pris en temps normal, un écart énorme. Un an après, je prendrai justement cette 5,10 m/14.6 pour attaquer à 5,70 m et passer 5,87 m aux Mondiaux à Eugene.

Bref, je me dis alors que je n'ai pas fait zéro, que je vais être classé, que je suis encore en vie, dans le top 8 même, qu'il ne me reste plus qu'à essayer l'impossible pour le podium parce qu'entre quatrième et huitième, il n'y a aucune différence. Je vois bien comment se configure le concours et j'évalue assez vite que, en passant 5,87 m au premier essai, on sera sur le podium. Je fais donc l'impasse à 5,80 m. Et pour 5,87 m, je suis contraint de reprendre la perche avec laquelle je me suis fait la talonnade. Au premier essai, Braz vient de passer juste avant moi mais je peux encore le laisser derrière si je passe au premier aussi. Sauf que je me retrouve avec un vent qui tourne. J'attends au maximum mais la fenêtre ne s'ouvre pas. Il ne me reste plus que trois secondes alors j'y vais, vent de trois quarts pas terrible, tout sauf serein, sans vraiment y croire alors que le podium est là. Échec.

Je garde mes deux derniers essais pour 5,92 m et je mets tout sur le premier. Il ne passe pas si loin, malgré une foulée étriquée, malgré une course d'élan où je me retrouve à compenser un pied droit qui siffle sur une cheville gauche amoindrie. Ma première réaction, c'est celle d'une grande frustration de ne pas avoir pu m'exprimer. Mais très vite, c'est la fierté de m'être battu jusqu'au bout qui l'emporte, sans aucun regret sur ce que j'ai fait, qui relevait déjà de l'exploit.

Je suis allé au bout de moi-même et même au-delà. On retiendra que je n'ai fait que huitième aux Jeux olympiques, les palmarès sont assez froids de ce point de vue, les chiffres ne disent évidemment pas tout. Car je n'aurais jamais dû être là, à Tokyo, ce jour-là et j'y ai reniflé l'odeur d'un troisième podium olympique historique en me reblessant. Irrationnel.

* * *

Les JO de Tokyo étaient les premiers pour mon frère Valentin. Cela aurait pu être une fête familiale alors qu'on y est finalement arrivés diminués tous les deux. Val sortait, lui, d'une élongation alors qu'il avait remporté sa première médaille internationale l'hiver, en finissant deuxième de l'Euro en salle à Torun, derrière Duplantis. On aurait pu être ensemble sur le podium, ce jour-là. Lors de la dernière compétition précédant ce championnat en Pologne, j'avais passé 6,06 m au All Star Perche à Aubière, chez moi, sous les yeux de ma fille Iris. Je n'avais plus sauté aussi haut depuis sept ans et mon record du monde à Donetsk. C'était fou.

Après les Mondiaux de Doha 2019, certains avaient dit que j'étais fini, que la roue avait tourné, que Kendricks et surtout Duplantis jouaient désormais dans une autre division. Mais je ne voyais pas ça comme ça. OK, c'était la première fois que je n'étais pas sur le podium en six championnats du monde et deux Jeux olympiques. OK, je n'étais même pas entré en finale. Mais c'est arrivé à tous les perchistes un jour. Je savais d'où je venais et ça m'a reboosté pour la suite. Tous ceux qui m'enterraient ont eu la réponse avec ces 6,06 m. Franchement, j'étais alors très impatient de titiller Mondo à Torun. Quand je me suis blessé au mollet droit lors de mon dernier entraînement en Pologne et que j'ai dû déclarer forfait, cela a été un crève-cœur.

Si je suis resté à Torun pour la finale, c'est uniquement parce que Valentin sautait. C'est le moment de parler de mon histoire avec mon frère. Notre relation est à la fois publique, dans le sens où elle a été médiatisée lorsqu'on s'est retrouvés ensemble sur des compétitions, et aussi immergée car privée, pour la plus grande partie. C'est une relation faite de hauts et de bas, ce qui ne surprendra pas ceux qui ont des frères ou des sœurs avec qui tout n'est pas toujours simple. D'une certaine manière, il est impossible de savoir comment seront nos rapports quand vous lirez ceci. Je pense qu'il y a autant de types de relations fraternelles qu'il y a de frères, des relations très différentes d'ailleurs à l'intérieur d'une même fratrie. Les frères et sœurs ne sont obligés ni d'être inséparables, ni d'être en guerre. Personne ne connaît ma sœur et mes trois autres demi-frères parce qu'ils ne font pas de saut à la perche. Valentin, lui, en fait, a d'abord été connu en tant que mon frère plus que pour ses résultats.

Comme je l'ai dit, j'ai fait du saut à la perche parce que j'aimais ça, sans référence car mon père n'avait pas sauté à haut niveau. C'était juste ma passion, une passion un peu aveugle. Val, lui, a en partie fait de la perche pour faire comme son frère et pour être meilleur que lui. C'est un ressort assez classique dans les fratries. Chez les juniors, il a d'ailleurs eu quelques résultats meilleurs que les miens au même âge. Mais comme je n'étais pas bon, jeune, et puisque j'ai cinq ans de plus que lui, j'avais passé 6 m dans ce laps de temps. Beaucoup de personnes extérieures à la perche ont alors très vite fait des projections et commencé à présenter Valentin comme la relève. Ils ont semblé considérer qu'être frères signifiait être identiques. Ou bien ils ont fait semblant. C'est absurde en tout cas. On pourrait multiplier les exemples. Vitali Bubka n'a jamais eu le niveau de son frère Sergueï, pas plus que les frères et la sœur de Mondo Duplantis n'ont brillé à la perche. Avec Val, on n'a ni les mêmes qualités, ni les mêmes défauts.

Il y a eu dans tout ça une grande responsabilité des médias, un manque de lucidité ou d'objectivité. Je vois bien qu'il était tentant pour des journalistes de nous présenter comme des rivaux, c'était une belle histoire pour eux. Mais ce n'était pas le cas. Ceux qui l'ont fait ne nous ont pas rendu service. J'ose à peine imaginer la guerre fratricide qui aurait été déclenchée si on avait joué les podiums olympiques ensemble. Si je ne me suis jamais considéré en concurrence avec Val, ce n'est pas par mépris. Les chiffres parlent d'eux-mêmes. Val l'a d'ailleurs dit lui-même : pour qu'il me batte, il a toujours fallu qu'il fasse une grosse performance et moi, une contre-performance. Après, il est capable d'être adorable, tout le monde vous le dira, mais aussi parfois insupportable. Je le connais depuis qu'il est né. J'ai parfois dû le remettre à sa place mais c'est délicat dès lors que le privé peut devenir public. Il a pu me reprocher d'être trop pudique, incapable de dire les choses avant qu'elles ne s'enveniment, et il n'a pas tort. Mais ça m'a coûté parfois de passer pour le vilain de la famille qui ne voudrait pas que son frère lui fasse de l'ombre. Ce n'est pas vrai.

Une fois pour toutes, Valentin n'est pas mon adversaire mais mon frère. Et franchement, c'est cool que la perche nous ait permis de partager des choses très fortes. Tous les frères n'ont pas cette chance-là. On a passé de superbes moments à s'entraîner ensemble ou sur certaines compétitions. Je le revois en 2012, avec Anaïs et mon « pote-kiné » Dimitri, dans les tribunes lors des Jeux de Londres en 2012. On a vraiment partagé cette médaille d'or à quatre. L'année suivante, c'était quelque chose de spécial pour nous deux de nous retrouver sur la piste des Mondiaux à Moscou, les premiers auxquels Val a participé. Il était là aussi, dans le concours, quand j'ai battu le record du monde à Donetsk l'hiver suivant et que je lui avais demandé s'il pouvait emmener la perche qui me servira finalement à passer 6,16 m… J'ai essayé de transmettre à Val des choses apprises. Je lui ai mis le pied à l'étrier sur le circuit international au début, en lui permettant de rentrer sur certains grands meetings notamment. Je ne suis pas sûr qu'il aurait eu les mêmes opportunités et la même couverture médiatique si on n'avait pas eu le même nom.

Mais attention, Valentin est un bon perchiste ! Il a d'ores et déjà fait une belle carrière, fini sixième des Mondiaux 2019 à Doha, quatrième des Mondiaux en salle en 2022 en battant son record avec 5,85 m. Et puis il y a cette médaille d'argent européenne en salle, derrière Duplantis en 2021. J'étais là, dans les tribunes, c'était un moment très beau. Un moment très dur pour moi, car mon forfait était encore frais et frustrant, transformé en moment de partage avec mon frère, pour qui j'étais tellement heureux qu'il remporte sa première médaille internationale. Je l'ai serré très fort dans mes bras, c'était beaucoup d'émotion. Ces souvenirs-là sont précieux. J'ai toujours été là pour Valentin, comme un grand frère. Il le sait. Notre histoire commune dépasse largement le cadre de la perche. Elle a commencé bien avant et finira bien après. Il faut profiter de ce qu'elle nous offre pendant.

En vieillissant et en avançant dans ma carrière, je constate en tout cas que j'ai de plus en plus conscience de ma chance. Je demeure compétiteur dans l'âme, c'est ce qui me pousse à ne jamais renoncer, comme à Tokyo, même quand le bon sens pourrait plaider contre moi. Cela a été un moteur fort depuis le début de ma carrière, la raison de mes succès. Ça l'a été à chaque coup dur et c'est ce qui m'a permis de m'en relever. Si j'avais dû écouter les gens, je n'aurais pas gagné autant de médailles internationales, année après année, et j'aurais pris ma retraite depuis longtemps. Mais le recul que j'ai aujourd'hui me permet au contraire de relativiser, de savourer, de partager. C'est une évolution logique. Mon statut a changé et, d'une certaine manière, l'avènement de Mondo Duplantis y est pour beaucoup.

CHAPITRE 14

MONDO

Mondo Duplantis, phénomène,
record perdu, filiation, amitié,
famille perche, ambiance nouvelle…

J'ai rencontré Mondo Duplantis pour la première fois le 19 janvier 2013 précisément, alors qu'il n'était encore qu'un jeune adolescent. La date est facile à retrouver parce que c'était à l'occasion du Pole Vault Summit, un meeting de perche organisé par USC Spirit, le fabricant de mes perches, de celles de Mondo, de Sergueï Bubka avant nous et de plein d'autres. Cet événement en salle se tient dans le Nevada, où est basée l'entreprise, à Reno, ça ne s'invente pas… En nombre, cette compétition est bien plus importante que mon All Star Perche ou n'importe quel autre meeting spécialisé. Il y a mille perchistes qui sautent dans une immense arène où se déroulent habituellement des rodéos, avec une dizaine de sautoirs installés en même temps. Ça saute dans tous les sens et dans tous les sens du terme, bien dans l'esprit de la perche américaine. Là où tout était très millimétré dans la perche soviétique et là où la perche française se repose beaucoup sur le feeling, le ressenti, les Américains, eux, ne se posent aucune question. Ils sont sur le mode : « Vas-y, saute ! » D'ailleurs, hormis leur élite, on le voit dès qu'on regarde sauter des Américains, ça pique un peu les yeux, mais ils ont un tel vivier que les meilleurs en sortent toujours.

Le patron de Spirit, Steve Chappel, m'avait déjà parlé de Mondo auparavant. Il connaissait depuis longtemps son père, Greg, ancien très solide perchiste à 5,80 m. Steve suivait les progrès de Mondo de près depuis tout petit et il m'avait dit : « Il y a ce jeune garçon, sa mère est suédoise, Helena, une ancienne heptathlonienne ; son père, c'est Greg, tu connais déjà peut-être ; lui s'appelle Armand mais tout le monde l'appelle Mondo depuis qu'il est très jeune, il bat les records de sa classe d'âge chaque année et… il est fan de toi, il a un poster de toi dans sa chambre ! » Ça m'avait touché. Alors, pour lui faire plaisir, j'avais fait quelque chose que je ne fais habituellement jamais, je lui avais envoyé un débardeur dédicacé en 2012, après mon titre olympique. En 2013, on a décidé, avec mon coach Philippe, d'aller à Reno pour que je découvre ce drôle d'événement et que j'en profite pour passer par l'usine de fabrication de perches. Phil connaissait déjà l'endroit pour y être allé à l'époque avec Philippe Collet. Tout perchiste américain a pour objectif d'aller sauter à Reno un jour. Mondo, qui est né, a grandi et vit en Louisiane, était donc là lui aussi.

Le vendredi après-midi, avant que j'aille disputer le concours international le soir, Steve me le présente dans le lobby de mon hôtel. C'était un petit gamin, il avait treize ans, on a discuté un peu, il était tout heureux. Il me dit qu'il va venir me voir le soir et que lui saute le lendemain matin, à 10 heures. Je lui réponds que je passerai le voir sauter mais j'ai su par la suite qu'il ne m'avait pas cru. Pourtant, j'étais bien là, j'ai même filmé un de ses sauts, je l'ai encore. À la suite de ça, j'ai toujours suivi ce qu'il faisait, on s'envoyait des messages de temps en temps. Et puis, très vite, très jeune, il a atteint le haut niveau.

Mondo a très tôt dit que son rêve était de sauter contre moi un jour mais, du fait de notre différence d'âge, que ça dépendait de sa capacité à atteindre rapidement 5,80 m pour entrer sur le circuit international et de ma capacité à continuer de sauter jusqu'à un âge avancé. Les deux conditions ont été réunies. Je l'ai invité dès 2017 au All Star Perche, il avait sauté 5,80 m cet hiver-là, mais il n'avait que dix-sept ans, il était étudiant et il n'avait pas pu venir. Il est venu l'année d'après, en 2018, et il a battu à Clermont le record du monde Juniors indoor avec 5,88 m. Il n'y avait que Sam Kendricks et moi qui étions allés plus haut que lui ce jour-là, à 5,93 m. La machine Duplantis était en marche, elle ne s'est plus arrêtée. Cet été-là, il a passé plus de 6 m pour la première fois, et même direct à 6,05 m pour être champion d'Europe à Berlin. Sa précocité est incroyable. C'est un cas unique.

* * *

En sport, on n'est jamais éternel. Il y a toujours quelqu'un qui arrive pour vous détrôner. Même s'il n'est pas meilleur, d'ailleurs, juste parce que vous avez fait votre temps. C'est ce qui m'est arrivé avec lui. Et je suis très content que ce soit lui, quelqu'un avec qui j'ai beaucoup d'affinités. Tout le monde avait très vite compris que Mondo allait dominer rapidement. Il était extrêmement déterminé, il se donnait les moyens de ses objectifs, il progressait très vite et ses capacités physiques se développaient parallèlement. Après, j'apprécie qu'il se soit inspiré de ce que j'ai fait, de ma façon de sauter, de certains apports techniques, mais sans faire de plagiat. Ce n'est pas du tout du copié-collé, c'est du Mondo, personne d'autre ne saute comme lui.

Sa course d'élan, par exemple, n'est pas identique à la mienne mais s'en rapproche. Elle est en tout cas beaucoup plus proche de la mienne que de celle de Bubka. On met tous les deux de l'intensité très vite dans la course. Ensuite, on n'a pas le même présenté de perche, le même décollage. Moi je quitte le sol avant que ma perche ne commence sa flexion alors que lui, il la pose plus. Mais son point fort est d'avoir trouvé malgré ça la solution pour garder un grand angle de perche. Pour aller haut, il n'y a pas d'autre solution que de prendre des grosses et longues perches. Mais, quand on est jeune, il faut être capable de les maîtriser. Il a trouvé cette astuce qui lui permet de soulager sa perche au décollage. Ce que je faisais autrement. Après, on a globalement deux techniques efficaces parce qu'on ressent vraiment les choses. Et puis on est de la même trempe mentalement. Quand on est deuxième, on fait la gueule. Si on gagne sans aller aussi haut qu'on l'espérait, on fait un peu la gueule aussi. Mondo a l'air cool mais il se satisfait difficilement.

Quand il a battu mon record du monde à Torun, au début du mois de février 2020, je ne me faisais aucune illusion. Il avait fait un concours de rentrée hivernal juste avant, à Düsseldorf, où il avait passé 6 m et fait quelques très belles tentatives à 6,17 m. Là, je n'aurais pas été prêt. Mais j'ai su alors que mon record ne passerait pas l'hiver. Ce qui a été compliqué lors de son record, c'est que je sautais le même jour à Rouen, j'étais dans une période où je galérais pour mettre les choses en place. Il a passé 6,17 m avant que je ne commence mon concours. Or j'ai fait zéro. Ça n'était pas évident de commenter dans la foulée la perte du record. Même si on s'y attend, ça fait quelque chose. Aucun recordman ne peut dire que perdre son record ne lui fait rien. Surtout quand vous êtes encore en activité. Comme Mondo a choisi de sauter pour la Suède, il m'a aussi pris le record d'Europe en même temps. Hop ! Évidemment, je lui ai immédiatement envoyé un message. J'étais encore au stade que je l'avais au téléphone. Je l'ai félicité et je n'en ai pas fait des cauchemars.

Au fond de moi, ce qui rendait la chose plus facile, c'est de me dire que j'avais indirectement participé à créer ce qui m'a battu puisque ce gamin dévorait mes vidéos et s'inspirait depuis dix ans de ce que je faisais. Je ne l'aurais probablement pas vécu de la même façon si c'était arrivé dix ans plus tard avec un perchiste déconnecté de ce que j'avais réalisé. Clairement, si ç'avait été un perchiste élevé à la méthode Petrov qui avait battu mon record, j'aurais eu les boules. Je n'oublie pas que j'ai su me donner les moyens de battre le record de Bubka alors que je n'étais pas prédestiné pour y arriver. À l'inverse, depuis des années, on savait que Mondo était fait pour ça, que ce n'était qu'une affaire de temps. Bien sûr, il n'y a pas de science exacte en sport. Mais Mondo est quand même l'enfant d'un perchiste à 5,80 m qui a fait quatre fois les sélections olympiques américaines et qui a l'expérience du haut niveau.

Avec Mondo, on n'a pas les mêmes trajectoires. On peut même dire que les vingt premières années de nos vies ont été à l'opposé. Lui était sans cesse surclassé et déjà star, à plus de 6 m, à dix-huit ans, alors que moi j'étais plutôt déclassé et en tout cas anonyme. Ça implique des choses dans notre rapport à la pratique, d'ailleurs. Mondo aime la perche mais il dit que j'en suis plus fondu que lui. Il saute finalement assez peu à l'entraînement alors que j'ai toujours énormément sauté, quitte parfois à hypothéquer une compétition à venir. Il s'arrêtera aussi plus tôt que moi, c'est certain, parce qu'il a un lien beaucoup plus fort à la performance.

* * *

Mondo a déjà réécrit la discipline, il en a modifié les données de base, qui sont autour de 6 m pour lui. En franchissant 6,23 m lors du Meeting d'Eugene (États-Unis) le 17 septembre 2023, il a battu son propre record du monde pour la septième fois en trois ans. S'il continue à progresser comme il le fait pendant deux ou trois ans, ce qui est vraiment envisageable, il peut espérer se retrouver entre 6,25 m et 6,30 m. Mais, plus il va monter et plus le moindre détail comptera. D'autant qu'en battant le record centimètre par centimètre comme il le fait, il va lui falloir encore pas mal de concours d'exception. Je lui ai dit qu'à sa place je ne serais, par exemple, jamais passé par la case 6,19 m. J'espère vraiment qu'il n'attendra pas d'avoir effacé 6,29 m pour tenter 6,30 m. Il devrait s'y essayer dès 6,25 m. Avec une autre approche, il serait peut-être déjà plus haut. Ou pas. On n'a pas la même vision là-dessus. La meilleure comparaison pour lui, c'est Bubka. Sans sa politique du centimètre à chacun de ses 35 records du monde, je n'aurais jamais été recordman du monde moi-même. Parce que Sergueï aurait dû passer 6,20 m ou 6,25 m. C'est un peu du sport fiction, mais si je n'avais pas été recordman du monde, on retrouverait peut-être moins de perchistes libérés pour passer 6 m actuellement. Et Mondo n'aurait peut-être pas envisagé de déboulonner Bubka...

Je me dis que Mondo est déjà au sommet de son art depuis quatre ans et qu'il n'est pas sûr que cela dure dix ans. On sait que tout peut basculer en un rien de temps, par exemple sur une blessure. Le problème est qu'il banalise les grandes performances et il ne faudrait surtout pas être déçu quand il gagne sans établir de record, comme à Budapest lors des derniers Mondiaux, où il passe quand même 6 m puis 6,05 m avant d'échouer contre les 6,23 m. Au lieu de savourer ce qu'il réalise, on a tendance à le mettre déjà dans l'après. Je l'ai connu à un moindre degré. En 2015, je saute sept fois à plus de 6 m dans l'année, je fais 5,90 m à tous les voyages, mais on disait que je n'avais pas fait une saison de fou parce qu'il n'y avait pas de record du monde.

Honnêtement, c'est assez étrange de m'être retrouvé ces dernières années en compétition avec un perchiste dont j'étais l'idole. Mais je crois que c'est aussi révélateur de la façon dont j'ai toujours considéré la perche. Si j'avais fait de la perche uniquement pour l'appât du gain et non par amour de mon sport, j'aurais arrêté dès l'explosion de Duplantis, alors que ça ne m'a jamais traversé l'esprit. Le fait d'avoir avec lui une relation très particulière me permet de vivre à ses côtés des moments de perche exceptionnels. Ça va très loin. Ce n'est pas juste être content que l'autre soit là. Soyons clairs, je n'ai plus rien à lui apprendre, il sait faire mieux que moi désormais, c'est une évidence. Mais il est encore demandeur de petits trucs. À Eugene, lors des Mondiaux en 2022, il m'a par exemple demandé de rester quand il s'est attaqué avec succès au record du monde.

Mondo avait aussi fait du All Star Perche 2023 le grand objectif de son hiver. Il voulait battre le record du monde chez moi, comme un cadeau. C'est ce qu'il a fait avec ses 6,22 m et il était aussi heureux pour moi que pour lui. Peut-être même plus pour moi car il en a déjà battu, c'était son sixième record du monde, et il savait qu'il en rebattrait d'autres. J'ai conscience que notre réaction, quand j'ai couru comme un taré pour le rejoindre sur le tapis alors que les médecins m'avaient formellement interdit de courir, quand on s'est pris dans les bras et que j'étais ému aux larmes, a profondément marqué les gens. Évidemment que je ne pouvais pas faire semblant à ce moment-là. Avec Mondo, je ne me suis jamais dit : « Allez Renaud, fais un effort, vas-y, va le voir ! » Non. Pas plus à Berlin, quand il a gagné l'Euro 2018 et que je me suis retrouvé médaillé de bronze avec lui. Je n'en ai rien à faire des caméras. Je ne vais pas aller voir Mondo parce que ça ferait bien. J'y vais parce que j'en ai envie et qu'il en a envie. C'est le plaisir de partager des moments rares ensemble. Comme au All Star. Cette connexion sincère et naturelle n'a pas de prix. De mon côté, de toute façon, je suis bien sûr passé à autre chose. Duplantis n'est pas imbattable, puisqu'il perd une fois par an environ, mais presque. Il a mis la barre à un tel niveau, inaccessible selon moi pour ses contemporains, que ce n'est pas un concurrent comme les autres.

* * *

J'ai eu la chance de dominer pendant dix ans, pas autant que lui mais quand même assez, et la suite ne m'intéresse plus de la même manière. Je veux m'éclater à sauter, me défoncer pour aller aussi haut que je peux encore, et, comme j'adore la perche, partager avec Mondo ce qui peut l'être. Je crois que le vent nouveau qui souffle sur la perche, une forme de camaraderie dans la discipline, doit beaucoup à son arrivée, à sa façon d'être. Il a une forme de décontraction étonnante, il n'est pas du genre à se prendre la tête, il n'est pas en quête de gloire, il vit quasiment en dehors des réseaux sociaux, presque à l'ancienne, sans se mettre en scène. Il faut dire qu'il a débarqué dans le circuit très jeune, avec les yeux qui brillent et beaucoup de respect pour les anciens. Comme il était super simple, super gentil, et que c'était l'enfant prodige, tout le monde était content de l'accueillir.

Mais cette bonne ambiance tient également à d'autres facteurs. Tout d'abord aux perchistes du moment. Ça ne veut pas dire qu'on est tous potes, c'est impossible, il y a toujours plus ou moins d'affinités, mais ce n'est pas nécessaire pour bien s'entendre.

Lors des Mondiaux de Moscou en 2013, je me souviens être sorti le soir avec Raphael Holzdeppe, le lendemain de ma défaite contre lui, pour boire un coup, un peu par hasard et surtout parce qu'on s'est toujours bien entendus. Il y a beaucoup de choses comme ça échappant au public, qui ne nous voit que le temps où l'on s'oppose, en compétition. Ce qui est vrai, c'est que notre discipline est tellement à part qu'elle crée forcément un peu par nature une communauté de gens ayant quand même un petit grain de folie et qui aiment les sensations fortes. Ce n'est pas un hasard s'il y a autant de perchistes qui aiment les sports mécaniques, le ski de vitesse ou le surf...

Au-delà de ça, il y a moins de guéguerres désormais dans le milieu. Il n'y a plus de Russes, notamment, et ce n'est pas négligeable. Eux restaient dans leur monde sur le circuit. Et puis on n'a jamais vu sourire de Russe en compétition. Ils n'avaient jamais l'air contents d'être là. Bon, on pouvait passer de grosses soirées avec eux après, parce que les Russes sont capables de se lâcher en soirées. Mais culturellement, en compétition, disons qu'ils n'ont pas la même conception du fair-play. On l'a vu avec Thiago Braz, coaché par Vitaly Petrov, l'ex-coach de Bubka, de culture soviétique, il ne s'est jamais mélangé avec nous sur les compétitions. Autre point important, on parle désormais tous anglais, même moi, je m'y suis mis et ce n'était pas gagné au début de ma carrière. Enfin, les réseaux sociaux nous ont rapprochés.

Quand vous discutez avec les générations précédentes, ils racontent qu'ils découvraient la perf de l'un à l'autre bout du monde, le lendemain ou deux jours après et qu'ils ne pouvaient lui en parler parfois que des semaines plus tard, quand ils se croisaient sur le circuit.

Après, tout le monde n'extériorise pas les choses de la même manière. J'avais un peu halluciné au début quand Sam Kendricks a débarqué. Il était dans un mode « sourire Ultra-Brite », « tout le monde est copain » à l'excès. Bon, quand il est en galère, Sam sourit quand même moins. Mais globalement, cette attitude d'aller faire des *hugs* à tout le monde pendant un concours m'a paru étrange. Je ne savais pas comment accueillir ça. En compétition, c'est quelque chose qui m'était étranger. Je vous l'ai déjà raconté, lors des Mondiaux 2015 à Pékin, je me suis en partie planté parce que j'ai alors voulu sortir de ma façon d'être assez fermée, assez froide, qui a contribué à mes succès. J'avais besoin de ça pour développer l'agressivité, la hargne nécessaire. Depuis, les années ont passé, je n'ai plus le même statut, les mêmes objectifs et j'apprécie de davantage partager avec des sauteurs plus jeunes auxquels je n'ai plus rien à prouver, un peu comme un grand frère. J'ai des enfants, j'ai pris du recul et des responsabilités.

* * *

C'était assez frappant pendant le Covid. J'ai bien vécu le confinement chez moi alors que j'ai plutôt la bougeotte. On était tous un peu prisonniers de son domicile. Mais moi, j'avais la chance d'avoir un sautoir dans mon jardin et qu'il fasse beau. Faute de m'entraîner vraiment, je faisais un peu de perche à la maison. Le monde de l'athlé était à l'arrêt, les JO de Tokyo ont été logiquement reportés d'un an et j'avais pas mal de visios en tant que président de la commission Athlètes de World Athletics. Les gens étaient plus que jamais sur les réseaux sociaux, où tout devenait vite viral puisqu'il ne se passait presque rien dans la vie réelle. Ce qui m'a donné une idée. Comme mes deux principaux adversaires, Sam et Mondo, ont également un sautoir chez eux, je me suis dit qu'il y avait peut-être un truc sympa à faire, un concours à distance. Je leur en ai parlé et ils ont été séduits par l'idée.

Pour régler la question logistique, sur trois sites live en simultané, face à laquelle j'étais désarmé, j'ai demandé à WA son support. On a eu quelques réunions à distance, ça a plu à tout le monde, ils ont réglé les questions techniques, testé les connexions et ont même donné à l'événement, « The Ultimate Garden Clash », un peu d'ampleur médiatique parce que c'était innovant et que ça mettait la lumière sur notre sport dans le contexte difficile du moment. En parallèle, on a réfléchi sur la compétition elle-même. Un concours classique n'était pas viable et on cherchait un mode opératoire qui soit dynamique. D'où l'idée de passer un maximum de fois une même barre. On s'est posé la question de la durée, on pensait à une demi-heure au départ, puis on s'est dit que deux fois quinze minutes, ce serait mieux, avec une pause pour relancer le suspense. Il fallait gérer le décalage horaire puisque j'étais en France, Mondo en Louisiane et Sam dans le Mississippi, deux États voisins. On l'a donc fait à 11 heures pour eux et 17 heures pour moi. Après, pour le choix de la hauteur, on s'est dit que 5 m parlait à tout le monde, que 6 m était impossible et que 5,20 m ou 5,40 m ne changerait pas grand-chose.

C'était très différent de ce que l'on connaît. On a dû se poser pas mal de questions sur la meilleure façon d'enchaîner les sauts. La hauteur n'était pas un problème mais quelle perche choisir, quelle marge rechercher au-dessus de la barre, quelle énergie mettre dans chaque élan et chaque saut, quel rythme adopter pour gérer la durée de l'effort… ? C'était assez physique, j'avais fini complètement défoncé. Mais c'était tellement agréable. On s'est pris au jeu, on s'est tiré la bourre avec Mondo, on a fini ex aequo avec 36 sauts passés tous les deux mais on n'a pas fait de barrage pour se départager, c'était anecdotique. Franchement, ç'a été un vrai succès, un million de vues dès les premiers jours. Un truc viral dont beaucoup de personnes ont parlé pendant un moment. Un concours à distance comme ça n'avait jamais été fait. Pendant cette période de confinement, il y avait eu pas mal de compétitions virtuelles dans différents sports, notamment sur des home-trainers ou des tapis. La nôtre était concrète. Je me souviens que d'autres athlètes s'étaient dits très intéressés pour nous rejoindre, par exemple le champion olympique de la hauteur, l'Italien Tamberi, qui m'avait contacté et était emballé. Le meeting d'Oslo s'en est ensuite inspiré pour son édition covidée, en juin, avec une poignée de Suédois et de Norvégiens sur place, au stade du Bislett, et d'autres chez eux, dont moi à Clermont. Je me dis qu'il faudrait vraiment qu'on refasse ça, un jour, hors confinement, pour le fun.

La capacité qu'on a eue à créer quelque chose de nouveau n'est finalement pas un hasard dans la perche. On a souvent su innover dans un sport, l'athlé, souvent difficile à réformer dans ses modèles de compétition. Ça fait très longtemps, par exemple, qu'on est sorti des stades parce qu'un sautoir, finalement, ça peut se mettre facilement partout. Mais notre force, c'est aussi notre communauté. On n'est pas forcément tous potes mais il y a un côté familial. Historiquement, les sprinteurs et les demi-fondeurs ont souvent cherché à s'éviter dans les meetings. Nous, jamais. On est toujours en confrontation. Dans les meetings où l'on saute, on est même souvent le fil rouge de la soirée car un concours de perche, c'est long. On est les premiers sur le stade pour l'échauffement et, le plus souvent, les derniers à le quitter.

Et puis, ce qui ne gâche rien, notre discipline est très spectaculaire.

On voit bien à quel point il est difficile pour l'athlétisme de créer un modèle de circuit international avec tous les meilleurs tout au long de l'été. On manque la cible grand public que ce sport ne réunit que pour le grand championnat estival annuel, JO, Mondiaux ou Euro. Pour que ça fonctionne, il faudrait absolument avoir les cinq meilleurs de chaque discipline à chaque étape d'une vraie Ligue. De préférence avec un rendez-vous fixe, comme la F1 le dimanche. Mais nous dépendons d'organisateurs privés qui ne fonctionnent qu'avec leur microsystème économique, en concurrence les uns avec les autres. La responsabilité des athlètes est réelle. Ce qui est indépassable, c'est l'opposition, le face-à-face. En sports mécaniques comme en ski ou au tennis, les meilleurs se rencontrent à chaque fois et ça marche, les spectateurs le savent, c'est clair, il y a de l'engouement, un feuilleton sur toute la saison. Il faut que l'athlé y parvienne. Le saut à la perche donne l'exemple, j'en suis très fier.

CHAPITRE 15

PARIS

4es JO, pari, opération, incertitude, effet domicile, héritage, plaisir, long terme…

J'ai été opéré le 14 septembre 2023 du tendon des ischio-jambiers gauche par le Dr Nicolas Lefèvre, à la Clinique du Sport, à Paris. Selon lui, l'intervention s'est bien passée. Il en était très content et c'est toujours encourageant. Il m'a également confirmé que l'intervention était nécessaire vu l'ampleur des dégâts. Une grosse partie du tendon était décollée, à la limite de la rupture totale. Il l'a recollé à l'os coxal. Je suis alors parti pour de longs mois sans pouvoir sauter à la perche. Six ou sept a priori. Mais je ne désespère pas de réussir à me qualifier pour les Jeux de Paris malgré ça. Et puis je regarde aussi au-delà.

Avec tous les petits pépins que j'ai eus ces dernières années, je commence à être pas mauvais en anatomie. Je sais par exemple maintenant que les ischio-jambiers, l'arrière de la cuisse pour ceux qui ne les situeraient pas, sont en réalité trois muscles en un : le semi-tendineux, le semi-membraneux et le biceps fémoral. Les trois sont insérés quasiment au même endroit, sur l'os coxal donc, le principal os de la hanche. Dans mon cas, le problème remontait à avril 2022. Le tendon du semi-membraneux avait trop chargé, générant une tendinite, puis une petite fissure, qui ne s'est pas réparée suffisamment avant que je reprenne et s'est rouverte pendant l'été 2023, au point qu'une partie du tendon s'est donc détachée de l'os. Dès lors, je n'avais plus le choix qu'entre une intervention chirurgicale ou une gestion de la situation comme j'ai tenté de le faire en 2023. Je n'ai pas hésité longtemps.

Ne pas subir d'intervention à moins d'un an des Jeux de Paris, c'était observer un long break d'abord puis faire des infiltrations pour masquer la douleur quand je reprendrais. Avec un risque, à force d'infiltrations dans le tendon, que celui-ci se fragilise et, un jour, cède totalement. Ce qui m'obligerait alors à être opéré… J'ai dit au chirurgien que ça n'avait pas marché en 2023. Quand j'ai dû forcer pour refaire des perfs, j'avais trop mal pour me libérer complètement et mon corps se mettait en sécurité en désactivant un certain nombre de propriétés de l'ischio. Comme un frein. Déjà que mon muscle n'était pas à 100 %, je ne pouvais pas utiliser toutes ses capacités disponibles. J'étais peut-être au total à 40 %. Si, malgré ça, j'avais sauté à 5,80 m en 2023, j'aurais pu me poser la question pour 2024, en espérant optimiser. Mais là, en ne parvenant pas à dépasser 5,60 m et en me bloquant à chaque fois que je voulais en faire un peu plus, ça ne servait à rien d'insister.

Pour schématiser, je faisais face à deux types de douleur en fonction de l'activité. L'inflammation se trouvant extrêmement proche du nerf sciatique, juste sous le pli de la fesse, j'avais beaucoup de symptômes sciatiques. Rester assis quelques dizaines de minutes devenait compliqué. Le moindre trajet en voiture était très douloureux. À table, je me dandinais sur ma chaise. Même allongé, je sentais une douleur, pas aiguë, mais continue. En mode sport, c'était autre chose. Ce qui est traître, c'est que je pouvais faire un certain nombre de choses à fond à l'entraînement, comme les montées de genoux, jambe tendue. Tant qu'il n'y avait pas de mise en tension de l'ischio. Dès que c'était le cas, je sentais comme une décharge, même à faible intensité. Or, dans le cycle de course, dès que la jambe passe à 90°, ça tire sur l'ischio. Gérer sans intervenir, sans même parler du risque que le tendon pète, pouvait être problématique pour ma vie de tous les jours à plus long terme. Au mieux, cela aurait tenu jusqu'aux Jeux, mais les désagréments quotidiens, les douleurs permanentes, n'avaient aucune raison de disparaître avec l'âge et, à 37 ans, 38 ans à la fin de l'été 2024, je n'avais pas envie de vivre avec ça, de me limiter en permanence. J'espère bien pouvoir sauter à la perche avec mes enfants dans une dizaine d'années. D'où l'opération.

* * *

Cette blessure est la conséquence d'une accumulation de choses. Il y a eu ma cheville en 2021 avant les JO de Tokyo. Mon kiné m'avait dit qu'il me faudrait un an pour retrouver une cheville solide. Ç'a été le cas. Mais, entre-temps, il y a eu des phénomènes de compensation. En avril 2022, en stage aux États-Unis, j'ai senti que ça tirait un peu sur l'ischio à l'issue d'une séance qu'on avait ajoutée parce que les conditions étaient top et qu'on voulait en profiter. C'était la même jambe que la cheville. Comme elle était moins réactive, moins forte, une partie de l'effort remontait un peu dans le genou, la hanche… Rien de grave sur le coup. On a pris l'alerte au sérieux mais c'était alors juste une petite tendinite comme on en a souvent. On a fait du travail spécifique dessus mais quand on s'est retrouvés fin-mai, à un mois et demi des Mondiaux à Eugene, on s'est demandé quoi faire. Le doc m'a dit : « Soit tu t'arrêtes trois mois minimum, soit tu fais la saison, sans risque que ça casse mais ça tirera. »

J'ai donc jonglé avec la douleur à l'été 2022 et j'ai fini cinquième aux Mondiaux avec 5,87 m. Aurait-il fallu m'arrêter là pour ne prendre aucun risque ? La compétition avait lieu fin juillet à Eugene alors que la période de réalisation des minima pour les Mondiaux de Budapest 2023 débutait le 1er août. J'ai donc continué. Certes, je me suis planté à l'Euro de Munich en août, où je n'ai pas pu faire ma dernière séance d'entraînement, où j'ai sauté sur un élan qui ne me convenait pas, où j'ai fini septième... Mais en sautant deux fois 5,81 m, à Zurich puis à Toulouse, début septembre, j'ai assuré ma qualification pour Budapest. Fallait-il, ensuite, faire l'impasse complète sur 2023 ? Avec le recul, il est facile de répondre oui. Mais sur le moment, on pensait que trois mois calmes avec des injections de PRP (plasma riche en plaquettes), un traitement naturel avec son propre sang, ce serait efficace.

Peut-être qu'en stoppant complètement du 15 septembre 2022 au 1er mai 2023, le tendon se serait totalement réparé. Mais ce n'est pas sûr, la vérité des blessures aux tendons est difficile à établir. On sait que tel muscle souffrant de telle lésion, c'est tant de semaines d'arrêt. Pour un tendon, c'est plus variable. De toute façon, a posteriori, tout est trop facile. Une fois ma qualification acquise pour Budapest, il était logique que je cherche à y assurer ma qualification pour les JO de Paris 2024. C'est comme un engrenage. Quand j'ai vu que ça se dégradait et que je n'avais aucune chance d'y décrocher mon billet pour Paris, j'ai préféré déclarer forfait.

J'avoue que j'ai suivi parcimonieusement ces Mondiaux de Budapest. J'avais fait les sept Mondiaux et les trois JO précédents, entre 2009 à 2022, ce n'était pas simple. Disons que c'était délicat et un peu frustrant. Au début, j'ai juste regardé les résultats. Pendant les qualifs de la perche, je faisais une super sortie à vélo. Sans que ce soit voulu au début d'ailleurs, mais j'avais trois copains disponibles à ce moment-là et je devais partir dans le Sud le soir. Quand je suis rentré, après quatre heures de pédalage, je me suis posé chez moi et j'ai regardé où on en était. C'est le moment où Thibaut Collet a passé 5,75 m. Je me suis dit : « C'est bon, Thibaut est passé. » J'ai pris la finale en cours, en rentrant de séjour. C'est une finale qui m'a fait envie, j'aurais aimé en être, indépendamment de mon résultat. Elle m'a rappelé l'Euro 2018 à Berlin. J'avais gagné le bronze avec 5,95 m, comme Nilsen et Marschall à Budapest. Il y avait deux gars qui avaient fait plus de 6 m dont Mondo Duplantis, comme à Budapest. On était quatre à avoir tenté 6 m, là ils étaient cinq... dont Thibaut. Il a fait un super concours en battant deux fois son record, à 5,85 m puis 5,90 m pour finir cinquième. J'étais vraiment content pour lui.

Thibaut est quelqu'un que j'apprécie beaucoup et avec qui je m'entends très bien depuis des années. C'est un gars qui sait pourquoi il est là, qui bosse pour être bon. Il fait les choses dans l'ordre. Il garde la tête sur les épaules. Lui n'est pas du genre à vendre du rêve avant une compétition sans en avoir les moyens. Il n'a pas eu peur d'afficher des objectifs, sans dire qu'il allait tout déchirer, et il a répondu présent. Il va falloir suivre sa progression, voir s'il devient très régulier à plus de 5,80 m l'hiver prochain. Il battra probablement le record familial, les 5,94 m de son père Philippe, mais comme tout perchiste passant 5,90 m, sa cible va maintenant devenir les 6 m. Il n'est pas très grand, plus que moi quand même, mais il a plus un gabarit de perchiste que moi. Il ne passerait pas au milieu d'un peloton de demi-fondeurs, moi si. Thibaut a des ambitions parce qu'on ne peut pas faire du haut niveau sans en avoir, mais elles sont basées sur du concret. Je sais ce qu'il vaut et je sais ce qu'il fait.

Ces dernières années, on s'est beaucoup entraînés ensemble. En cet été 2023, je l'ai vu passer un cap, passer 5,70 m à l'entraînement facilement, les prémices de ce que je faisais quand j'allais très bien. Et comme je n'allais pas bien, je ne faisais pas les mêmes séances que lui. Et je pense que mon calendrier de reprise serré en 2024 va encore me contraindre à suivre des séances à la carte. Hors perche, je ferai sûrement la même chose que lui et le reste du groupe, prépa physique, course… Mais pour les séances de perche, je pourrais être tenté d'en faire trop pour suivre Thibaut. Peu importe ce qu'il fera, je devrai suivre mon agenda dans un premier temps. On sera en décalage et je ne profiterai sans doute de la dynamique du groupe, ce qui peut toujours être intéressant, que rarement et plus tard dans la saison. Il ne faudra pas que je me trompe d'objectif, ce sera Paris.

* * *

J'ai connu neuf meetings au Stade France dont sept victoires avant qu'il ne déménage à Charléty. Ce n'était peut-être pas ce qu'ont vécu les athlètes français pendant les Mondiaux 2003 dans ce stade, mais j'ai bien senti, déjà, aux trois quarts plein, avec quarante-cinq ou cinquante mille spectateurs, que c'est un stade qui fait beaucoup de bruit. J'ai aussi connu l'ambiance de l'Olympic Stadium de Londres bondé, un stade de taille comparable. Alors j'imagine assez que la transposer à Paris sera fabuleux. Je l'imagine tellement que c'est pour ça que je veux le vivre sur la piste, que je ne veux pas lâcher le truc. Je pense même qu'on ne peut pas se représenter ce que ce sera en termes de frissons pour les athlètes français. Si je suis à Paris, ce ne sera pas pour regarder les autres sauter. D'abord parce que le système de qualification m'obligera à passer au moins 5,80 m, un mois avant les Jeux. Ensuite parce que j'aurai quatre dernières semaines de préparation très qualitatives étant donné ma fraîcheur, qui peuvent me faire gagner 10 cm. De quoi me permettre d'entrer en finale. Et là, je sais comment faire.

Une nouvelle piste d'athlé va être installée au Stade de France pour les JO. La configuration globale va être modifiée, le sautoir de perche ne sera plus le long des tribunes, parallèlement à la ligne droite opposée, mais dans la demi-lune du virage. Malheureusement. Je trouve ça dommage mais ça se généralise un peu partout. Ce qui me déçoit et qui m'inquiète vient d'ailleurs, du fait que le futur de cette piste ne soit pas assuré. À la création du Stade de France, dans les années 1990, il avait été décidé qu'il y aurait une piste d'athlé. Ce qui a permis des Mondiaux en 2003 qui ont marqué l'histoire du sport en France. Là, le futur gestionnaire du stade n'aura pas l'obligation de la garder. C'est incroyable, alors que l'investissement pour cette nouvelle piste est considérable, ce ne sont pas juste quelques centaines d'euros.

Qu'on se comprenne bien, je n'ai rien contre le foot et le rugby mais on est dans la continuité de ce qui se passe dans le sport français. On critique l'athlé, on nous dit qu'on est nuls, on nous convoque au ministère parce qu'on ne fait pas de médaille. Ce n'est pas faux, mais il faut recontextualiser. Pour des Mondiaux ou des JO, l'athlé, c'est deux cents pays et deux mille athlètes. Aux derniers championnats du monde à Budapest, la France n'a remporté qu'une médaille, en relais, mais il y avait quarante-six pays médaillés ! Preuve que rien n'y est jamais gagné d'avance, un pays comme l'Allemagne a fini avec zéro médaille. L'athlétisme est le sport le plus universel et le plus compétitif, de loin. C'est un sport où les médailles ne tiennent à rien, à un fil, un centième, parfois moins, un centimètre, un essai... Dans beaucoup de sport, notamment les sports co, on peut faire une et même plusieurs erreurs sans que le match ne soit nécessairement sanctionné par une défaite. Pas en athlé. La particularité de l'athlé, son exigence individuelle totale, n'est pas assez comprise ou pas assez rappelée.

Surtout, on nous traite de peintres alors que la place accordée à notre sport ne cesse de diminuer. L'histoire de la piste du Stade de France est symbolique. Si elle disparaît, la France ne pourra plus accueillir de championnats du monde, il n'y a pas de stade avec piste suffisamment grand pour ça en France. Les plus grands sont ceux de Charléty et Villeneuve-d'Ascq, soit moins de vingt mille places. Le coût de location du Stade de France est tellement élevé que les organisateurs du Meeting de Paris ont préféré aller à Charléty depuis des années. Seuls le foot et le rugby ont les moyens de se l'offrir. D'ailleurs, les présidents de la République ne se sont jamais rendus au Stade de France que pour du foot ou du rugby, tous les ans pour la finale de la Coupe de France et celle du Top 14. À Londres, Seb Coe s'est battu pour que la piste de l'Olympic Stadium ne soit pas détruite après les JO de 2012 et le stade a été mis à disposition de l'athlé une ou deux journées par an. J'y ai vécu des meetings géniaux en termes d'ambiance, Londres est l'un des plus beaux meetings au monde.

Mais, plus grave encore, on fait de moins en moins d'athlé au niveau scolaire. Je le constate avec ma fille Iris qui vient de rentrer au CP, et elle a piscine. C'est super. J'ai la chance qu'elle sache déjà nager mais c'est super, c'est la base. En revanche, l'apprentissage de l'athlé, savoir courir, sauter, lancer, il en est où, lui ? Nulle part ! Alors qu'il faudrait intégrer son apprentissage dès le premier cursus. Parce que courir, sauter ou lancer est à la base de l'immense majorité des sports. Parfois même les trois en même temps, comme au basket, au hand voire au rugby. Abandonner l'athlé, c'est une erreur pour l'ensemble du sport français. Et une connerie pour la société. Faudra pas se plaindre de la trop grande sédentarité des jeunes avec leurs téléphones ou de ce que coûte l'obésité à notre sécurité sociale. C'est à l'école qu'on peut détecter les talents et les orienter vers les clubs, notamment d'athlé. C'est presque miraculeux que la France ait globalement d'aussi bons résultats sportifs. Mais ce n'est pas un hasard que l'athlé en ait aussi peu.

* * *

La perspective des Jeux à Paris m'offre un cadre de travail pour les mois à venir, ce sera mon grand objectif, l'un des plus gros défis de ma carrière à coup sûr. Mais pas nécessairement plus gros que ceux de Londres 2012 ou Rio 2016. Parce que je ne vois pas Paris comme mon ultime défi, comme une fin en soi. Je compte bien continuer après. J'ai dit au sujet des Jeux de Tokyo que j'étais prêt à y laisser ma cheville si besoin parce que c'étaient les Jeux olympiques. Quand je me projette sur Paris, c'est différent. Je ne sais pas si je serai prêt à y laisser mon ischio car je compte tout faire pour qu'il soit bien réparé avant et que ce ne soit justement pas l'alternative. Je rappelle aussi que j'avais sauté 6,06 m six mois avant Tokyo et 5,93 m un mois seulement avant, donc le travail était fait, et mon niveau intrinsèque, élevé. Là, il faut déjà que je puisse me qualifier, une question que je ne me posais plus depuis quinze ans. Hormis Thibaut, cinquième à Budapest avec 5,90 m et donc déjà qualifié, tous les autres devront battre leur record pour aller aux JO. En gros, faire 5,82 m, entrer dans le top 25 du ranking mondial et être sur le podium aux championnats de France, fin juin 2024 à Angers. Moi, je n'aurai pas à battre mon record, j'ai fait plus de 160 concours à plus de 5,80 m dans ma carrière. Mais ma fenêtre de tir sera a priori très courte.

Il faudrait que j'aie entre trois et cinq compétitions en juin dans de très bonnes conditions météorologiques, ce qui est toujours incertain. De ce point de vue, ne pas faire de saison en salle sera très pénalisant. Tout ça risque de se jouer à peu. Le chirurgien m'a expliqué le protocole traditionnel. Dans un déroulé normal, il m'a dit que je pourrais reprendre le sprint six mois après l'intervention. Ce qui signifierait mi-mars. Pour reprendre la perche, il faudrait rajouter un mois, donc mi-avril. Il m'a également prévenu sur le fait qu'il ne pouvait pas me promettre que je retrouve 100 % de mes capacités d'avant. Ce à quoi j'ai répondu que ce n'était pas très grave, que

80 % exploités à fond pourraient me suffirait. Si je ne dois arriver qu'à 9,50 m/s dans le butoir au lieu de 10 m/s, je m'adapterai, en technique, en choix de perche… J'ai déjà fait 5,90 m comme ça. La question la plus importante est celle du temps dont je disposerai quand je reprendrai la perche.

Il est possible que mes capacités de récupération, additionnées à tout ce que je vais mettre en place d'ici là, me permettent de gagner du temps par rapport au protocole classique sans pour autant me mettre en danger. Pas sur les six premières semaines, avant que je ne remarche normalement, je ne prendrai aucun risque là, elles sont fondamentales. Après, normalement, c'est footing au bout de trois mois et réathlétisation les trois qui suivent. On verra alors comment ça se passe. A priori, je n'aurai donc que trois mois de préparation avant l'été 2024. C'est très court, il ne faut pas se le cacher. Jouable, mais chaud. Si je peux resprinter un mois plus tôt, ce ne sera pas rien. Si je peux reprendre des éducatifs perche en même temps, ça comptera aussi. Ce sera une réévaluation permanente.

Si je ne parviens pas à me qualifier pour Paris, je serai bien sûr extrêmement déçu. Mais si j'ai tout donné, je ne serai pas abattu. Car si je devais constater qu'il m'a manqué quelques semaines ou mois pour y être, rien ne m'empêchera d'envisager l'après, de continuer à sauter, de tenter de faire une saison 2025. Sans forcément avoir un objectif de performance.

Une fois les Jeux de Paris passés, il est évident que faire les Mondiaux 2025 à Tokyo ou non ne fera pas une grande différence. En revanche, même si je saute alors moins haut, le simple fait de pouvoir continuer à le faire, dans mon jardin un matin parce qu'il fait super beau, ou avec mes enfants dans quelques années, ça n'aura pas de prix. C'est même tout ce que je demande. C'est ce que je raconte dans ce livre depuis la première page. Tout ce que j'aime et que je n'arrive pas à faire depuis quelques mois, c'est pouvoir sauter librement. Je me moque de tous les commentaires aigris, de tous les préjugés sur le mode : « Trop tard, trop vieux, arrête, prends ta retraite ! » Même si je ne devais sauter que 5 m, ça m'irait. Ce n'est plus une question de niveau.

* * *

Depuis mon forfait pour les Mondiaux de Budapest, je vois combien mes sorties à vélo, parfois de 100 km dans le Sancy, avec un cycle de jambes fermé qui ne me fait pas souffrir, me permettent de ne pas trop perdre physiquement mais sont d'abord importantes pour ma santé mentale. Au-delà de Paris, d'autres ambitions me trottent déjà en tête. Je vois que je m'approche tranquillement des 40 ans et ça me titille bien sûr de voir ce que je pourrais faire alors. L'Américain Jeff Hartwig a sauté 5,85 m à 39 ans révolus et 5,70 m à 40 ans. C'est dans un coin de ma tête. Par rapport aux autres que je côtoie depuis toutes ces années à haut niveau, il ne faut jamais oublier que je n'ai été bon que sur le tard, sans référence chez les cadets ou les juniors. Mes adversaires ont tous été a minima en sélection Juniors, ce qui veut dire qu'ils faisaient partie des trois meilleurs de leur pays quand moi, je me qualifiais tout juste pour les championnats de France. En gros, j'étais au niveau national ce que les meilleurs Français étaient au niveau mondial et ça ne génère pas, au départ, les mêmes attentes, les mêmes perspectives ni les mêmes motivations.

Je vois bien, autour de moi, la difficulté à admettre mon mode de fonctionnement, ma philosophie. Même Phil, mon coach, qui me connaît très bien, a du mal à la comprendre entièrement. Parce que lui aussi avait été parmi les meilleurs perchistes dès les rangs juniors. Moi, j'étais sénior 1re année quand j'ai passé 5,80 m pour la première fois. Bon, après, tout s'est accéléré puisque j'ai fait mes premiers 6 m la même année. Reste qu'il y a ce décalage de base avec les autres. Le cas extrême, c'est Duplantis, on l'a évoqué. Il a toujours été extrêmement performant et il n'envisage pas la perche autrement. Bubka a également totalement arrêté de sauter du jour au lendemain quand il a pris sa retraite. Je ne suis pas pareil, ma vie de perchiste s'est construite autrement, ce n'est pas celle d'un enfant prodige. J'ai longtemps sauté avant d'être bon, je continue de sauter alors que je suis moins bon, je continuerai de sauter quand je ne le serai plus du tout. Si je peux continuer à prendre du plaisir, je ne me gênerai pas. Si des perfs sortent, tant mieux. Sinon, ce n'est pas grave. Il y aura forcément une période de transition entre un statut pro et un statut amateur où je ferai d'autres choses à côté, et je l'accepte. J'ai le saut à la perche dans la peau et rien ni personne ne pourra me l'enlever.

Je sais que je ne jouerai probablement pas à 6 m à Paris. Mais ce n'est pas parce que je ne serai pas champion olympique que je n'ai rien à y faire. Avec ce genre de raisonnement, ça ne servirait à rien d'envoyer plus d'une poignée de personnes dans chaque discipline aux JO. Si l'on pousse le raisonnement à l'extrême, jusqu'à l'absurde, il faudrait même laisser Mondo sauter tout seul, mais ce ne sera pas le cas, il y aura une trentaine de perchistes qualifiés et il en restera un seul pour la médaille d'or.

En tout cas, s'il y a bien quelque chose qui m'agace souvent dans le discours des gens, et je reste poli, c'est cette histoire qu'il ne faudrait pas aller à des compétitions qu'on ne peut plus gagner sous prétexte qu'on aurait déjà été le meilleur dans le passé. Comme si c'était dégradant, honteux, pathétique ou je ne sais quoi. Rien n'oblige un sportif à s'arrêter au sommet de sa gloire et de ses moyens. C'est une aberration totale. Avoir pour ambition de me qualifier pour Paris, d'y entrer en finale et d'y finir dans le top 8, comme à Tokyo sur une jambe, voire d'accrocher le top 5, ce n'est quand même pas déshonorant.

À 38 ans, vu tout ce qui s'est passé, sans résultat l'année précédente, avec une préparation aussi raccourcie, ce serait une des plus grandes victoires de ma carrière. Et si je n'y arrive pas, ce ne sera pas dramatique. Pourquoi voudrait-on me priver d'essayer ? Je ne prends la place de personne si je gagne ma sélection. Je ne regretterai jamais cela, j'essaie juste de vivre mes rêves ! Vivez les vôtres !

ANNEXES

STATISTIQUES

18 TITRES DE CHAMPION DE FRANCE

2010 1er en salle (Paris-Bercy) et 1er en plein air (Valence)
2011 1er en salle (Aubière)
2012 1er en salle (Aubière) et 1er en plein air (Angers)
2013 1er en salle (Aubière) et 1er en plein air (Paris-Charléty)
2014 1er en plein air (Reims)
2015 1er en salle (Aubière) et 1er en plein air (Villeneuve-d'Ascq)
2016 1er en salle (Aubière) et 1er en plein air (Angers)
2017 1er en plein air (Marseille)
2018 1er en salle (Liévin) et 1er en plein air (Albi)
2019 1er en plein air (Saint-Étienne)
2020 1er en salle (Liévin) et 1er en plein air (Albi) + 2^e^ en plein air (2008, 2009, 2021, 2022), 2e en salle (2009) et 3e en salle (2021)

18 PODIUMS INTERNATIONAUX

2009	1er championnat d'Europe en salle (Turin) et 3e CM en plein air (Berlin)
2010	1er championnat d'Europe en plein air (Barcelone)
2011	1er championnat d'Europe en salle (Paris-Bercy) et 3e CM en plein air (Daegu)
2012	1er championnat du monde en salle (Istanbul), 1er CE en plein air (Helsinki) et 1er JO (Londres)
2013	1er championnat d'Europe en salle (Göteborg) et 2e CM en plein air (Moscou)
2014	1er championnat d'Europe en plein air (Zurich)
2015	1er championnat d'Europe en salle (Prague) et 3e CM en plein air (Pékin)
2016	1er championnat du monde en salle (Portland) et 2e JO (Rio)
2017	3e championnat du monde en plein air (Londres)
2018	1er championnat du monde en salle (Birmingham) et 3e CE en plein air (Berlin) + 8e JO 2021 (Tokyo) et 5e CM en plein air 2022 (Eugene)

AU TOTAL

168 concours à plus de 5,80 m
75 concours à plus de 5,90 m
19 concours à plus de 6 m

Année par année, ses meilleures perfs

16 août
MÉDAILLE D'ARGENT
JO Rio (BRÉ)
6,04
6,05
6,03
5,98
5,71
5,91
5,93
5,95
5,82
5,85
5,94
5,82
6,06
5,92
5,81
5,87
5,61
Sergueï Bubka
2015
2016
2017
2018
2019
2020
2021
2022
2023
1er 1er
1er 2e
14e 3e
1er 4e
8e 7e
3e 7e
2e 6e
11e 7e
52e

Table des matières

Crédits photographiques :
Couverture : Stéphane Mantey/*L'Équipe*

Cahier photos :
Page 1, page 8 haut, page 9 bas, page 10,
page 14 bas, page 15, page 16 haut :
Renaud Lavillenie
Page 2 : MAO (haut),
Stéphane Mantey (bas)/*L'Équipe*
Pages 3, 12, 13 : Alain Mounic/*L'Équipe*
Pages 4, 6, 7, 11 : Sébastien Boué/*L'Équipe*
Page 5 : Pascal Rondeau (haut),
Alain Mounic/*L'Équipe*
Page 8 bas : Gilles Mingasson/*L'Équipe*
Page 9 haut : Laurent Argueyrolles/*L'Équipe*
Page 14 : Thierry Gromik (haut),
Alex Martin (bas)/*L'Équipe*
Page 16 bas : Antoine Decottignies/Stadion-Actu/
Presse Sports

Solar
Directeur : Didier Férat
Direction éditoriale : Jean-Philippe Bouchard
Édition : Corentin Bréhard
Mise en pages : Nord Compo
Fabrication : Emmanuelle Laine

L'Équipe
Édition : Jean-Christophe Bassignac
et Laurence Gauthier
Iconographie : François Gille
Infographie : Renaud Didierjean

Achevé d'imprimer par
Normandie Roto Impression s.a.s.
N° d'impression : 2302847

Imprimé en France